Simone Pfeffer

Sozial-emotionale Entwicklung fördern

Simone Pfeffer

Sozial-emotionale Entwicklung fördern

Wie Kinder in der Gemeinschaft stark werden

HERDER

FREIBURG · BASEL · WIEN

FSC
www.fsc.org
MIX
Paper from responsible sources
FSC® C010798

Überarbeitete Neuausgabe 2017
2., aktualisierte Auflage 2019

www.herder.de

Umschlagkonzeption und -gestaltung:
Schwarzwaldmädel, Simonswald

Umschlagfoto: Klara Killeit

Fotos innen: Hartmut W. Schmidt, Freiburg

Layout, Satz und Gestaltung:
Hauptsatz Susanne Lomer, Freiburg

Herstellung: Graspo, Zlín

Printed in the Czech Republic

ISBN Print 978-3-451-37803-4
ISBN E-Book (PDF) 978-3-451-81092-3

Inhalt

Einleitung

Für Kinder wie Erwachsene gilt gleichermaßen: Freude, Liebe, Wut, Trauer, Glück – all diese und viele weitere Gefühle machen unseren Alltag lebendig und gestalten unsere Beziehungen. Wenn Gefühle außer Kontrolle geraten und uns überfluten, werden der Kontakt zu anderen und die Alltagsbewältigung problematisch. Dies gilt ebenso, wenn Gefühle kaum entwickelt und zu flach ausgeprägt sind.

Gefühle sind ein wesentlicher Bestandteil unseres Lebens, und der Umgang mit ihnen ist eine alltägliche Herausforderung. Obgleich es eine »emotionale Grundausstattung« gibt, hängen unser gefühlsmäßiges Erleben und unser Umgang mit Gefühlen in starkem Maße davon ab, was wir von klein auf in unserer Umgebung erfahren und gelernt haben.

Besonders wichtig für Kinder sind die ersten Bezugspersonen, zumeist die Eltern und andere Familienangehörige. Aber auch andere Menschen wie Erzieherinnen und Erzieher, Lehrkräfte, Nachbarn und Freunde begleiten die Kinder beim Aufwachsen und beeinflussen durch ihr Verhalten deren Entwicklung. Sie sind Vorbilder sowohl im Umgang mit den eigenen Gefühlen als auch in der Beziehungsgestaltung zu anderen.

Darüber hinaus prägt die Kultur, in der wir leben, über Werte und Normen den Gefühlsausdruck und soziale Umgangsformen. Hierbei spielen unterschiedliche regionale und ethnische Hintergründe eine wichtige Rolle, was deutlich wird, wenn man zum Beispiel Vorstellungen über den Ausdruck von Gefühlen und über angemessenes Sozialverhalten bei Menschen vergleicht, die im asiatischen Raum oder im nordeuropäischen Raum leben. Eine Kultur steht immer in einem bestimmten gesellschaftlichen, politischen und zeitgeschichtlichen Zusammenhang. Mittelalterliche Umgangsformen unterscheiden sich etwa deutlich von heutigen kulturellen Praktiken.

Daher dürfen der Umgang mit Gefühlen und das Sozialverhalten nicht nur individuell betrachtet und einer einzelnen Person zugeschrieben werden, sondern auch die Lebensbedingungen und Ideale einer Zeit und Gesellschaft formen den Umgang miteinander. Unsere heutige Gesellschaft basiert auf demokratischen Idealen von Menschenwürde, gegenseitigem Respekt und Toleranz. Verschiedene Meinungen dürfen nebeneinander bestehen, eine friedliche Konfliktlösung ist die Norm, Schwächere werden per Gesetz geschützt. Fähigkeiten wie Selbstständigkeit, moralisches Urteilsvermögen, Verantwortungsgefühl und kommunikative Fähigkeiten sollen entwickelt werden. Diese Fähigkeiten werden für ein demokratisches Miteinander benötigt. Die Entwicklung der emotionalen und sozialen Kompetenzen in der Kindheit stellt dafür eine wichtige Grundlage dar.

1.

Was sind emotionale und soziale Kompetenzen?

In diesem Kapitel erfahren Sie

- **welche Fähigkeiten die emotionale Kompetenz beinhaltet**
- **welche Fähigkeiten die soziale Kompetenz umfasst**
- **wie die Bedeutung von emotionalen und sozialen Kompetenzen in verschiedenen Lebensbereichen einzuschätzen ist**
- **wie diese Fähigkeiten entwickelt werden und welche Faktoren diese Entwicklung beeinflussen**

Wegen des engen Zusammenhangs von emotionalen und sozialen Fähigkeiten wird häufig auch von sozial-emotionalen oder sozio-emotionalen Kompetenzen gesprochen (vgl. Petermann u. a. 2016). Zum genaueren Verständnis sollen zunächst aber die Fähigkeitsbereiche einzeln beleuchtet werden.

1.1 Der Fähigkeitsbereich »emotionale Kompetenz«

Allgemein gesprochen bezeichnet emotionale Kompetenz die Fähigkeit, mit Gefühlen und Bedürfnissen umgehen zu können – für sich allein und im Zusammensein mit anderen.

Emotional kompetente Kinder können – in altersentsprechener Ausprägung – vielfältige Gefühle unterscheiden; sie können ihre Gefühle angemessen ausdrücken und regulieren und die Gefühle anderer Menschen erkennen und verstehen. Zu den Bereichen, in denen Kinder emotionale Fertigkeiten entwickeln, gehören nach Franz Petermann und Silvia Wiedebusch (2016, S. 14):

- der eigene mimische Emotionsausdruck,
- das Erkennen des mimischen Emotionsausdrucks anderer Personen,
- der sprachliche Emotionsausdruck,
- das Emotionswissen und -verständnis,
- die selbstgesteuerte Emotionsregulation.

Was beinhaltet ein »kompetenter Umgang« mit Gefühlen?

Welche Fähigkeiten müssen für einen »kompetenten Umgang« mit Gefühlen entwickelt werden? Carolyn Saarni benennt in ihrem Modell der emotionalen Kompetenz acht Schlüsselfähigkeiten, die von Kindern im Lebensverlauf entwickelt werden. Sie begreift ihr Modell als unabgeschlossen, das heißt, es kann durch weitere Fähigkeiten ergänzt werden (Saarni 2002; Petermann/Wiedebusch 2016).

Acht Schlüsselfähigkeiten der emotionalen Kompetenz (nach Saarni)	
1. Eigene Gefühle und Bedürfnisse wahrnehmen und einordnen	• Körpersignale spüren und zuordnen • Gefühle voneinander unterscheiden • Achtsam in Bezug auf die eigenen Empfindungen sein • Bewusst über den eigenen emotionalen Zustand sein
2. Den mimischen und gestischen Gefühlsausdruck anderer Menschen erkennen	• Den Gefühlsausdruck eines anderen Kindes oder eines Erwachsenen einordnen • Verschiedene Ausdrucksformen und Intensitäten der aktuellen Gefühlslage wahrnehmen • Achtsam mit anderen sein • Körpersprachliche Signale im Rahmen der bekannten Kultur »lesen«
3. Gefühle nonverbal und verbal ausdrücken	• Die eigenen Gefühle nach außen angemessen mitteilen • Über mimische und gestische Ausdrucksformen verfügen • Über sprachliche Ausdrucksformen wie ein umfassendes Emotionsvokabular verfügen • Ausdrucksregeln der eigenen Kultur kennen • In Bezug auf interkulturelles Lernen: Ausdrucksregeln anderer Kulturen kennen
4. Die Fähigkeit zur Empathie	• Die Perspektive eines anderen Kindes oder Erwachsenen übernehmen • Sich in die Situation eines anderen Kindes oder Erwachsenen einfühlen • Mitgefühl empfinden
5. Zwischen innerem Erleben und äußerem Ausdruck eines Gefühls unterscheiden	• Wissen, dass der äußere Ausdruck nicht mit dem tatsächlich empfundenen Gefühl übereinstimmen muss • Gefühle verbergen können • Gefühlsausdruck gezielt steuern

6. Mit negativen Emotionen und Stress umgehen, Emotionen selbstgesteuert regulieren	• Wissen, dass Gefühle veränderbar sind • Gefühle hervorrufen und aufrechterhalten können • Deren Intensität und Dauer kontrollieren können • Impulskontrolle entwickeln • Sich beruhigen können • Wut, Angst, Trauer und Stress bewältigen • Sich entspannen können • Ressourcen zur Verfügung haben
7. Bewusstsein darüber, dass zwischenmenschliche Beziehungen von der emotionalen Kommunikation bestimmt werden	• Erkenntnis, dass Gefühle je nach Interaktionspartner unterschiedlich mitgeteilt werden • Wissen, dass die Mitteilung der eigenen Gefühle interpersonale Konsequenzen hat • Verschiedene Arten von Beziehungen unterscheiden (Freund, Mutter, Vater, Erzieherin ...) • Die emotionale Kommunikation darauf abstimmen
8. Die Fähigkeit zur emotionalen Selbstwirksamkeit	• Das eigene emotionale Erleben wird akzeptiert • Negative Emotionen wie Wut oder Angst werden toleriert, aber nicht als überwältigend erfahren • Aktives Bemühen, eine problematische Situation zu lösen • Die Kinder gehen davon aus, eine Situation gestalten zu können • Sie haben das Gefühl einer relativen Kontrolle über das eigene emotionale Erleben in dem Sinne, dass sie es meistern und sich selbst dabei achten • Die Kinder haben ein gutes Selbstwertgefühl

An dieser Darstellung der Schlüsselfähigkeiten wird deutlich, dass der Fokus zwar auf dem Gefühlsbereich liegt, es aber zugleich häufig um Interaktionen mit und Beziehungen zu anderen Menschen geht. Emotionale Fähigkeiten spielen im Kontakt zu anderen und daher auch bei der sozialen Kompetenz eine bedeutsame Rolle.

1.2 Der Fähigkeitsbereich »soziale Kompetenz«

Soziale Kompetenz ist eng verwoben mit der emotionalen Kompetenz. Der Umgang mit den eigenen und den Gefühlen anderer bildet die Grundlage für die Gestaltung zwischenmenschlicher Beziehungen. Wenn die emotionalen Fähigkeiten auf hohem Niveau entwickelt sind, sind auch die Wahrnehmung von und der Umgang mit gegenseitigen

Befindlichkeiten und Bedürfnissen im Zusammensein mit anderen eher von Achtsamkeit geprägt.

Bei der sozialen Kompetenz kommen aber auch noch weitere Fähigkeiten in den Blick – zum Beispiel Kommunikationsfähigkeit, Teamfähigkeit und Fähigkeiten zur Konfliktlösung. Ein weiterer Aspekt ist die Identitätsentwicklung, die im Austausch mit anderen stattfindet und mit der Entwicklung von Selbstwert und Selbstwirksamkeit gepaart ist. Hierbei geht es darum, das eigene »Ich« im Kontakt mit anderen herauszubilden. Auch die Auseinandersetzung mit Regeln, Normen und Werten, die moralische Verhaltensmaßstäbe einer Gemeinschaft darstellen, ist Teil sozialer Bildungsprozesse.

Was beinhaltet der Begriff »soziale Kompetenz«?

Soziale Kompetenz wird seit langem in verschiedenen Forschungsfeldern untersucht und umfasst ein breites Spektrum an Fähigkeiten. Nach der Definition von Rüdiger Hinsch und Ulrich Pfingsten (zit. nach Kanning 2002) verhält sich eine Person sozial kompetent, wenn sie in der Lage ist, in Interaktionen mit anderen Menschen die eigenen Interessen erfolgreich zu verwirklichen. In dieser Definition steht die Durchsetzungsfähigkeit der Person im Vordergrund.

Einen anderen Schwerpunkt setzen David DuBois und Robert Felner (zit. nach Kanning 2002). Aus ihrer Sicht ist ein Mensch sozial kompetent, wenn er es versteht, sich an die sozialen Bedingungen seiner Umwelt anzupassen. Diese Definition betont die Anpassung des Individuums an Normen und Werte des Umfeldes.

Uwe Kanning (2002) bietet eine Definition an, die beide Aspekte berücksichtigt. Er beschreibt ein Verhalten als sozial kompetent, das versucht, einen Ausgleich der Interessen der beteiligten Parteien herzustellen. Im günstigsten Fall trägt sozial kompetentes Verhalten dazu bei, dass alle Beteiligten ihre Interessen in gleichem Maße verwirklichen können. In dieser Definition geht es darum, die Durchsetzung der eigenen Interessen mit der Anpassung an die soziale Umgebung zu vereinbaren. Beide Aspekte werden verbunden in der Bemühung, einen sozial verträglichen Ausgleich zu schaffen, der langfristige Beziehungen und Kooperation ermöglicht.

In einem **Drei-Ebenen-Modell** der sozialen Kompetenz nehmen Tina Malti und Sonja Perren (2016) innerpsychische Prozesse, Verhalten und Auswirkungen der sozialen Kompetenz in den Blick:

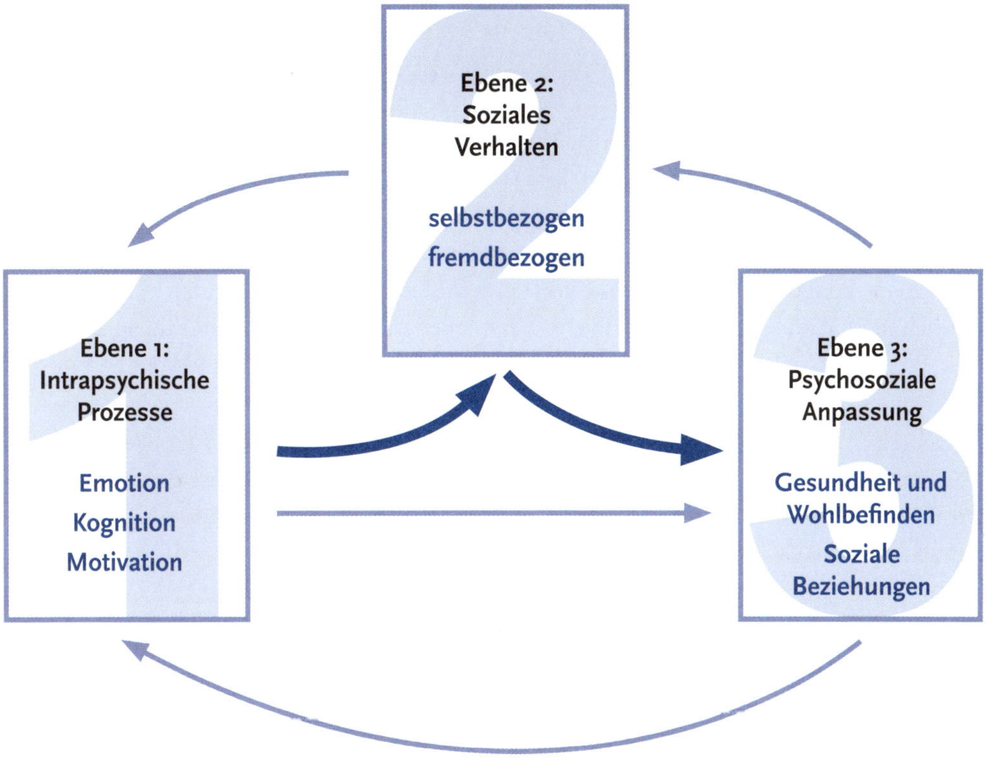

aus: Malti/Perren 2016, S. 285

Auf Ebene 1 der intrapsychischen Prozesse sind Fähigkeiten angesiedelt, die im sozial-emotionalen Bereich (z. B. Emotionserkennung, Emotionsregulation, Empathie) und im sozial-kognitiven Bereich liegen (z. B. Perspektivenübernahme oder soziale Informationsverarbeitung), sowie Prozesse, die zum Handeln motivieren.

Auf Ebene 2 sind verhaltensnahe Kompetenzen verortet. Das soziale Verhalten wird in selbstbezogenes und fremdbezogenes Verhalten unterschieden. Als selbstorientierte Kompetenzen gelten Verhaltensweisen, die im Kontakt mit anderen der Befriedigung eigener Bedürfnisse dienen, zum Beispiel Initiative und Durchsetzungsfähigkeit. Fremdorientierte soziale Kompetenzen sind Verhaltensweisen, die sich auf Ziele und Bedürfnisse anderer beziehen, zum Beispiel prosoziales und kooperatives Verhalten.

Mit der psychosozialen Anpassung werden auf Ebene 3 die Auswirkungen von sozialen Kompetenzen in den Blick genommen. Dies betrifft sowohl den Bereich Gesundheit und Wohlbefinden als auch die Qualität sozialer Beziehungen im Zusammenhang mit der Ausprägung der sozialen Kompetenzen.

Die psychischen Prozesse wirken sich auf das soziale Verhalten aus, das wiederum Auswirkungen auf Gesundheit, Wohlergehen und Beziehungen hat. Gleichzeitig gibt es aber auch Wechselwirkungen zwischen allen Komponenten. So werden zum Beispiel die Erfahrungen, die Kinder in ihren Beziehungen machen, auf die Entwicklung ihrer sozial-emotionalen Fähigkeiten einwirken.

Sozial kompetentes Verhalten – abhängig von Situation und Kultur

Zentral ist die soziale Interaktion, und so ist nachvollziehbar, dass sozial kompetentes Verhalten immer auch von der Situation und den beteiligten Personen mitbestimmt wird. Das bedeutet: Es gibt kein sozial kompetentes Verhalten an sich. Was als sozial kompetent bewertet wird, hängt immer auch von den Interessen der Personen in einer bestimmten Situation und – aus einer allgemeineren Perspektive – von den jeweils herrschenden Maßstäben (Normen und Werten) einer Umgebung ab. Die Umgebung ist die Kultur, die Gesellschaft, aber auch die kleinere soziale Gruppe, in der Kinder aufwachsen. Vor diesem Hintergrund wird klarer, warum es so vielfältige Definitionen von sozialer Kompetenz gibt, von denen hier nur eine kleine Auswahl beleuchtet wurde.

Übersichtlich und für Vor- und Grundschulkinder sinnvoll erscheint das Modell von Paul Caldarella und Kenneth Merrell, in dem die folgenden Fähigkeitsbereiche der sozialen Kompetenz beschrieben werden:

Modell der sozialen Kompetenz (nach Caldarella & Merrell)

Fähigkeitsbereiche	Beispiele
1. Fähigkeit zur Bildung positiver Beziehungen zu anderen	• Fähigkeiten der Perspektivenübernahme • Andere wahrnehmen • Anderen helfen • Andere loben
2. Selbstmanagement-Kompetenzen	• Die eigene Gefühlslage »managen« • Ärger kontrollieren • Konflikte bewältigen
3. Kognitive Kompetenzen	• Der Anweisung der Erzieherin bzw. des Erziehers, der Eltern oder der Lehrkraft folgen können • Zusammenhänge verstehen • Um Hilfe bitten
4. Kooperative Kompetenzen	• Normen in einer Gemeinschaft erkennen • Soziale Regeln anerkennen • Angemessen auf konstruktive Kritik reagieren
5. Positive Selbstbehauptung und Durchsetzungsfähigkeiten	• Ein Gespräch beginnen • Ein Bedürfnis äußern • Darauf bestehen, dass man gehört wird • Freundschaften schließen

vgl. Caldarella & Merrell 1997, zit. nach Petermann u. a. 2016 und Kanning 2002

Ein Kind, das über ausgeprägte soziale Kompetenzen verfügt, könnte man auf der Basis der in unserer Gesellschaft gängigen Werte und Normen folgendermaßen beschreiben: Das Kind wird von Gleichaltrigen gemocht und kann Einfluss auf sie nehmen. Es hat keine soziale Angst, sondern kann leicht Kontakte aufbauen und auch in laufende Spielsituationen einsteigen, sich »hineinspielen«. Das Kind kann soziale Situationen gut einschätzen, sich in andere einfühlen. Es fühlt sich zu einer oder mehreren Gruppen zugehörig und hat ein gutes Selbstwertgefühl. Das Kind kann seine Gefühle angemessen kontrollieren und verfügt über Strategien zur Konfliktbewältigung, es kann sich mit anderen auseinandersetzen und verhandeln.

Auch an diesem Modell wird deutlich, wie eng emotionale und soziale Fähigkeiten verwoben sind, und dass Emotionswissen und Emotionsregulation die Grundlage für die Gestaltung von Beziehungen bilden.

1.3 Sozial-emotionale Kompetenzen – weitreichende Bedeutung für alle Lebensbereiche

In welcher Qualität die sozial-emotionalen Fähigkeiten ausgebildet sind, ist in den verschiedensten Lebensbereichen von großer Bedeutung – sowohl aus der Perspektive des Einzelnen als auch aus gesellschaftlicher Sicht. Zunächst sind sozial-emotionale Fähigkeiten wichtig für die einzelne Person; davon hängt ab, in welcher Qualität ein Kind oder ein Erwachsener Beziehungen zu anderen Menschen erleben und gestalten kann. Das ist im privaten Bereich von Familie und Freundschaft wichtig, aber auch im Kindergarten, in der Schule und später im Berufsleben.

Inwieweit wir die Gefühle von anderen Menschen erkennen und verstehen können, bestimmt die Kommunikation. Werden Gefühle von anderen nicht erkannt oder anders als von ihnen gemeint interpretiert, kommt es häufig zu Missverständnissen und Konflikten – man kann sich nicht sinnvoll aufeinander beziehen, redet oder handelt aneinander vorbei. Auch Grenzen müssen wahrgenommen und respektiert werden. Geschieht dies nicht, können schnell Aggressionen entstehen.

Der Gefühlszustand bestimmt die Art und Weise, sich zu verhalten und wie eigene Möglichkeiten genutzt werden. Ist ein Kind häufig unsicher oder ängstlich, wird es seine kreativen Fähigkeiten weniger gut für ein bestimmtes Ziel einsetzen können, sondern viel Energie darauf verwenden müssen, um für seine eigene gefühlsmäßige Sicherheit zu sorgen. Ein Kind dagegen, das selbstbewusst ist und sich sicher fühlt, wird seiner Umwelt weitaus neugieriger und aufnahmebereiter begegnen und dadurch mit deutlich mehr Erfolg Neues lernen können.

Dies spiegelt sich auch in verschiedenen Untersuchungen wider, die gezeigt haben, dass eine hohe sozial-emotionale Kompetenz mit einer positiven schulischen Entwicklung einhergeht. Umgekehrt stellt eine geringere emotionale Kompetenz einen Risikofaktor in Bezug auf schulische Leistungen, Verhaltensauffälligkeiten und Suchtverhalten dar. Auch treten vermehrt zwischenmenschliche Schwierigkeiten auf. Emotional wenig kompetente Kinder sind in der Regel meist unbeliebter und verhalten sich aggressiver als andere (Petermann/Wiedebusch 2016, S. 22ff.).

Der Zusammenhang von mangelnder sozial-emotionaler Kompetenz und Schulproblemen wird auch aus folgender Grafik deutlich:

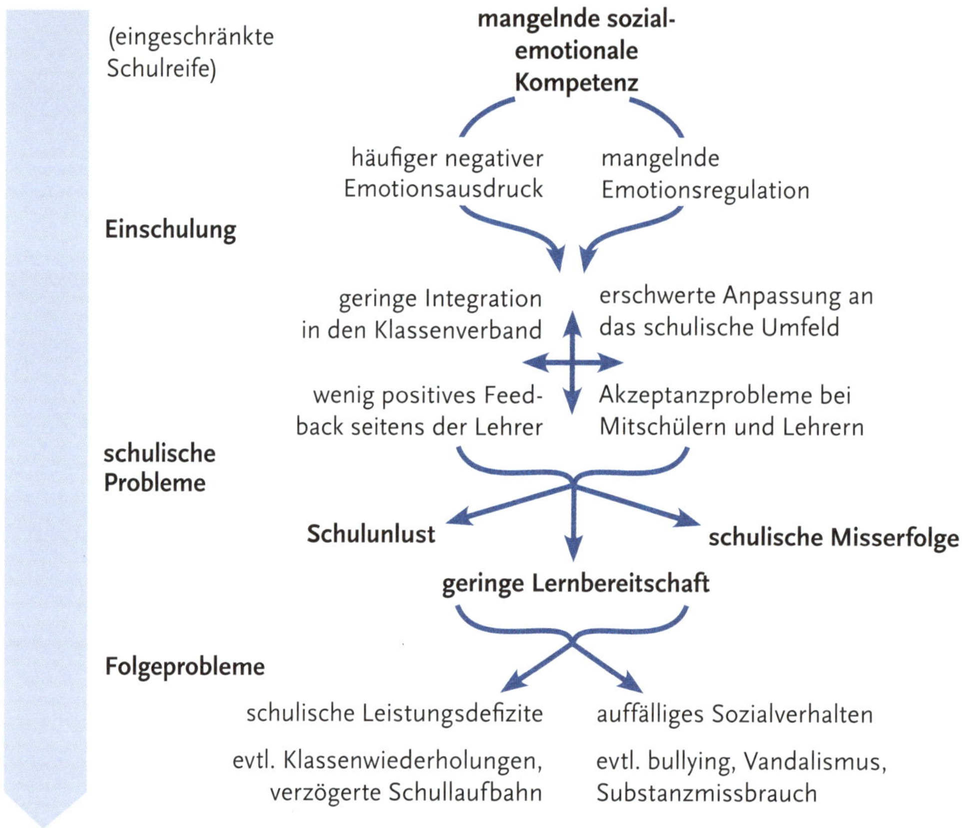

aus: Petermann/Wiedebusch 2016, S. 30

In unserer heutigen Gesellschaft wird Bildung sehr hoch bewertet. Schulerfolg bzw. -misserfolg hat für den Lebensverlauf des Einzelnen und darüber hinaus in gesamtgesellschaftlicher Hinsicht weitreichende Konsequenzen. Menschen ohne oder mit niedrigem Schulabschluss sind zum Beispiel viel häufiger von Arbeitslosigkeit betroffen als diejenigen mit hohem Bildungsabschluss. Eine frühzeitige Förderung sozial-emotionaler Kompetenz ist so auch in langfristiger Perspektive sowohl für den Einzelnen als auch gesamtgesellschaftlich mit positiven Wirkungen verbunden.

Daneben ist es in unserer heutigen Welt zwingend notwendig, permanent aus einem Angebot an Möglichkeiten auszuwählen. Das kann ganz banal die Entscheidung für ein bestimmtes Mittagessen, die Art der Kleidung oder eine Internetseite sein. Aber auch biografisch relevante Entscheidungen müssen selbstständig getroffen werden – dazu gehören zum Beispiel der Berufsweg, die Partnerwahl, der Zeitpunkt einer möglichen Familiengründung. In unserem Leben gibt es nicht nur vielfältige Entscheidungsmöglichkeiten, sondern auch Entscheidungszwänge. Um Entscheidungen treffen zu können, ist es notwendig, die eigene Befindlichkeit und die eigenen Bedürfnisse klar zu spüren. Dieses »Gespür« ist die Basis, um Kriterien für Entscheidungen herausbilden zu können, die nicht nur von außen bestimmt sind.

Sozial-emotionale Kompetenzen bilden eine wichtige Grundlage für Resilienz. Resilienz wird als psychische Widerstandsfähigkeit verstanden, die es ermöglicht, belastende Situationen und Lebensbedingungen zu bewältigen. Im Mittelpunkt stehen Schutzfaktoren, die Kinder befähigen und unterstützen, sich auch bei ungünstigen Lebensumständen und Risikobedingungen gesund zu entwickeln. Die Frage danach, was Kinder stärkt, lenkt den Blick auf Ressourcen von Kindern.

Als Schutzfaktoren sind sowohl personale Ressourcen wie zum Beispiel gut ausgebildete emotionale Fähigkeiten und eine hohe Sozialkompetenz als auch soziale Ressourcen, etwa eine stabile emotionale Bezugsperson im Umfeld, bedeutsam. Resilienz wird nicht als angeborenes Persönlichkeitsmerkmal gesehen, sondern als Kapazität, die im Verlauf der Entwicklung im Kontext der Kind-Umwelt-Interaktion erworben wird. Resilienz ist also lernbar. Dabei wird sie nicht als stabile Immunität verstanden, sondern kann über Zeit und Situationen hinweg variieren. Es gibt Phasen erhöhter Verletzbarkeit, zu denen zum Beispiel Entwicklungsübergänge gehören (Fröhlich-Gildhoff/Rönnau-Böse 2015; Wustmann 2009).

Auch für den Erhalt und die Gestaltung einer Demokratie sind bestimmte Grundhaltungen und Fähigkeiten nötig. Dazu gehört die Akzeptanz von Grundwerten wie Toleranz, Menschenwürde und Freiheit. Da die Freiheit des einen nicht die Freiheit des anderen verletzen darf, muss es also bestimmte Regeln geben, die die Grenzen von Menschen schützen. Das bedeutet auch, sich auf andere einzustellen und Rücksicht zu nehmen. Demokratie gründet auf Partnerschaft und Kooperation. Sie basiert darauf, dass Menschen miteinander reden und sich dabei respektvoll begegnen, Konflikte lösen und verschiedene Bedürfnisse gegeneinander abwägen. Um demokratisch handeln zu können, müssen vielfältige Kompetenzen ausgebildet werden, wie Gefühle bei sich und anderen wahrnehmen und sie mitteilen können, Interessen äußern und verhandeln, Grenzen wahrnehmen – grundlegende Fähigkeiten aus dem sozial-emotionalen Bereich.

Sozial-emotionale Kompetenzen sind von hoher Bedeutung im Leben des einzelnen Menschen und zugleich für den Erhalt eines demokratischen Miteinanders. Der frühzeitige Erwerb dieser Basisfähigkeiten ist eine grundlegende Entwicklungsaufgabe in der Kindheit und wichtige Voraussetzung für die spätere Alltags- und Lebensbewältigung.

1.4 Die Entwicklung von sozial-emotionalen Fähigkeiten als lebenslanger Prozess

Die Entwicklung von sozial-emotionalen Fähigkeiten ist ein lebenslanger Prozess, der von Beginn an im Zusammensein mit anderen stattfindet. Vom ersten Tag an lernen Kinder den Umgang mit Emotionen – in ihrer Beziehung zu Erwachsenen und anderen Kindern. Die Basisemotionen, zu denen Freude, Angst, Ärger, Traurigkeit, Überraschung und Interesse zählen, entwickeln sich bereits in den ersten Lebensmonaten. Für diese grundlegenden Gefühle kann in den verschiedenen Kulturen der Erde der gleiche mimische Ausdruck beobachtet werden. Auch blind geborene Menschen zeigen das gleiche Ausdrucksverhalten wie Sehende.

Gegen Ende des zweiten Lebensjahres bilden sich die komplexeren Emotionen aus, zu denen Stolz, Scham, Mitleid, Neid, Verlegenheit und Schuld zählen. Um diese Gefühle empfinden zu können, muss ein Kind sozial anerkannte Verhaltensmaßstäbe kennen und sein Verhalten dazu in Beziehung setzen können. Die Fähigkeit zur emotionalen Perspektivenübernahme beginnt sich im zweiten Lebensjahr zu entwickeln und nimmt vor allem zwischen dem dritten und fünften Lebensjahr immens zu. Kinder können zunehmend zwischen eigenen Gefühlen und den Gefühlen anderer unterscheiden, die Perspektive des anderen einnehmen und dessen Gefühle erkennen und mitempfinden. Mit den sprachlichen Fähigkeiten wächst auch das verbale Ausdrucksvermögen von Emotionen. Die Kinder verstehen zunehmend bestimmte Situationen als Ursachen von Emotionen. Sie lernen ab dem dritten Lebensjahr das Erleben von Gefühlen von dem sichtbaren Ausdruck von Emotionen zu unterscheiden.

Strategien, um Emotionen zu regulieren, müssen in den verschiedenen Altersstufen entsprechend der Zunahme und Vielschichtigkeit der erlebten Gefühle weiterentwickelt werden. Im Laufe dieser Entwicklung werden die Gefühle zunehmend differenzierter und komplexer. Es gibt Situationen, in denen verschiedene Emotionen zur gleichen Zeit bestehen und ein klares Verhalten kompliziert werden lassen. Häufig treten zum Beispiel Wut und Trauer Seite an Seite auf (Pfeffer/Göppner-Pfeffer 2007).

Die vielen Interaktionen mit Bezugspersonen im Prozess des Aufwachsens führen zu Erfahrungen im Gefühlsbereich und in Beziehungen, zu Wissen über Emotionen und den Umgang mit ihnen. Diese Erfahrungen können vielfältig und differenziert oder relativ eingeschränkt sein; sie können eher konstruktiv und selbstwertstärkend oder verunsichernd und selbstwertschwächend sein.

1.5 Einflussfaktoren in der Entwicklung emotionaler und sozialer Kompetenz

Verschiedene Faktoren beeinflussen die Entwicklung der emotionalen und sozialen Kompetenz. Sie werden hier nur kurz benannt, lediglich auf das Erziehungsverhalten und die Rolle der pädagogischen Fachkraft wird im Folgenden näher eingegangen.

Als Einflussfaktoren nennen Ute Koglin und Franz Petermann (2013, S. 25) das Temperament eines Kindes, die Sprachentwicklung, frühe Verhaltensprobleme, die Eltern-Kind-Beziehung, das Erziehungsverhalten und die Beziehung zu Gleichaltrigen als Faktoren, die in Wechselwirkung miteinander stehen und Einfluss auf die Kompetenzentwicklung nehmen. Darüber hinaus wirken die kulturellen, gesellschaftlichen und lebensweltlichen Rahmenbedingungen auf den Entwicklungsprozess ein.

Das Erziehungsverhalten

Grundsätzlich geht eine warme, von Zuneigung geprägte Erziehungshaltung, die den Kindern gleichzeitig durch Regeln und Grenzen Sicherheit bietet, mit einer positiven Entwicklung einher (ebd., S. 28).

Als entwicklungsfördernd bzw. entwicklungshemmend beschreiben Franz Petermann und Silvia Wiedebusch folgende Umgangsweisen der Eltern mit Emotionen (zit. nach Koglin/Petermann 2013, S. 29):

Entwicklungsfördernd

- Bewusstheit über die eigenen Gefühle und die des Kindes
- Differenzierte Gespräche über Gefühle
- Beim Auftreten von negativen Gefühlen über die Emotionen und Strategien zur Bewältigung sprechen
- Das Kind bei der Regulation von Gefühlen und den Umgang mit negativen Situationen unterstützen

Entwicklungshemmend

- Negative Gefühle des Kindes nicht zulassen können oder schnell ausräumen
- Gefühle des Kindes ignorieren oder verleugnen
- Das Kind bei negativen Emotionen unmittelbar ablenken
- Strategien zum Umgang mit negativen Gefühlen oder emotionsauslösenden Situationen werden kaum vermittelt

Das Erziehungsverhalten ist hier zunächst auf Eltern und deren Umgang mit Gefühlen bei sich und ihren Kindern bezogen. Die Aufzählung gibt aber ebenso Hinweise für entwicklungsförderndes oder entwicklungshemmendes Erziehungsverhalten anderer Bezugspersonen.

Die Rolle der pädagogischen Fachkräfte

Die Familie als primäre Sozialisationsinstanz spielt bei der Entwicklung der sozial-emotionalen Kompetenzen eine herausgehobene Rolle. Zugleich nimmt aber mit dem Älterwerden der Kinder und ihrem Besuch von Kindertageseinrichtungen und Schule der Einfluss weiterer Bezugspersonen deutlich zu. Die Beziehung zu pädagogischen Fachkräften ist im Leben der Kinder ein nicht zu unterschätzender Faktor. Aus einer gelungenen Beziehung können sich Gefühle wie Geborgenheit auch außerhalb der Familie, Stolz, Freude und Neugier entwickeln. Das Emotionswissen, der Umgang mit verschiedenen Gefühlen, mit schwierigen Situationen und schließlich mit Bedürfnissen und Konflikten in einer Gruppe können in Kindertageseinrichtungen gezielt unterstützt werden. Für Kinder, die bereits von zuhause viele Fähigkeiten mitbringen, bedeutet das eine Verfeinerung auf hohem Niveau, andere hingegen können hier wesentliche Basiskompetenzen erlernen. Die pädagogische Fachkraft ist ein Vorbild durch ihr Verhalten. Sie zeigt durch ihre Achtsamkeit Gefühlen gegenüber, ihren klaren Gefühlsausdruck und durch ihr Tun, wie man mit Emotionen umgehen kann.

Dabei ist nicht nur wichtig, wie die pädagogischen Fachkräfte mit den Kindern umgehen, sondern auch, wie sie sich darüber hinaus im Umgang mit Gefühlen, Bedürfnissen und Konflikten verhalten. Wie teilen sie die eigene Gefühlslage mit und in welcher Form vermitteln sie ihre persönlichen Grenzen? Wie werden Aufgaben im Team abgesprochen, Interessen vertreten und Konflikte geklärt? Verfügen die pädagogischen Fachkräfte über ein Netzwerk an gegenseitiger Unterstützung oder sind sie eher isoliert? Haben sie Möglichkeiten, Kraft zu schöpfen und zu regenerieren – zum Beispiel durch Hobbys, im Freundeskreis? Diese Modelle nehmen sich Kinder auch im Umgang mit schwierigen Situationen und für Strategien zur Problemlösung zum Vorbild.

2.

Sprache – Ausdrucksmittel von Gefühlen

In diesem Kapitel erfahren Sie

- auf welchen Ebenen die Verständigung über Gefühle, Bedürfnisse und Interessen stattfindet
- welche Fähigkeiten die Grundlage bilden, um Interessen verhandeln zu können
- welcher Zusammenhang zwischen Sprachentwicklung und Sozialverhalten besteht
- wie das Erkennen und Verstehen von nonverbalen Zeichen unterstützt werden können
- welche Art von Wortschatz wichtig ist, um Konflikte zu lösen

Ein bedeutsamer Einflussfaktor im Entwicklungsprozess der emotionalen und sozialen Kompetenz ist die Sprachentwicklung (Koglin/Petermann 2013, S. 25). Das Bewusstsein über das eigene Befinden, die Ausdrucksmöglichkeiten von Gefühlen und Bedürfnissen und der Austausch mit anderen sind auch abhängig von der Ausprägung der sprachlichen Fähigkeiten.

2.1 Kommunikation findet auf mehreren Ebenen statt

Auf der nonverbalen Ebene teilt eine Person über ihren mimischen und gestischen Ausdruck Gefühle und Bedürfnisse mit, die andere Personen wahrnehmen und deuten. Auf der sprachlichen Ebene werden Worte und Sätze als Symbole für Gefühle und Bedürfnisse eingesetzt. Sie werden von parasprachlichen Merkmalen wie Stimmlage, Sprechgeschwindigkeit oder Betonung begleitet, die die Wortbedeutung emotional färben. Die Entwicklung der Sprache – verbal und nonverbal – ist ein vielschichtiger Prozess. Die Qualität des Entwicklungsprozesses beeinflusst das Miteinander und die Qualität der Austauschbeziehungen.

In der Bauecke

Jens und Tobias bauen nebeneinander in der geräumigen Bauecke mit Bausteinen. Jens ist viereinhalb Jahre, Tobias ist vor kurzem fünf geworden. Zunächst ist die Atmosphäre in der Bauecke harmonisch und friedlich. Tobias gestaltet eine Zooanlage mit verschiedenen Tiergehegen, während Jens an einem Haus mit Parkplätzen arbeitet. Tobias breitet sich im Zuge seiner Bauaktivität immer mehr aus und beansprucht zunehmend Platz und Bausteine. Jens zeigt zunächst einige Male nonverbal, dass er sich bei seiner Tätigkeit gestört fühlt. Er runzelt die Stirn, schaut ärgerlich, versucht seinen Raum mit dem Körper abzuschirmen und nimmt sich mehrere Bausteine auf einmal, um sie zu »bunkern«. Tobias reagiert nicht auf die Signale von Jens, sondern baut weiter an seinem Zoo. Als Jens schließlich kaum noch Platz und Bausteine hat, schubst er Tobias heftig weg und nimmt sich Bausteine aus einem Zoogehege von Tobias.

Leicht ist vorstellbar, dass sich diese Situation zu einem handfesten Streit auswächst. Dabei ist die Situation anfangs nicht angespannt, sondern friedlich. Die Spannung baut sich auf, weil die Bedürfnisse auf der einen Seite nicht wahrgenommen und auf der anderen Seite nicht deutlicher geäußert werden. Tobias nimmt die verschiedenen nonverbalen Hinweise von Jens nicht wahr oder entschlüsselt sie nicht in der situativen Bedeutung. Jens hingegen übermittelt seine Befindlichkeit ausschließlich über die Körpersprache. Als Tobias darauf nicht reagiert, versucht er nicht, verbal seine Interessen zu verhandeln, sondern lässt Tobias so lange gewähren, bis seine Wut über die Grenzverletzung so groß ist, dass er körperlich angreift und nun seinerseits Grenzen verletzt.

Diese Situation wäre bei zwei- bis dreijährigen Kindern noch als adäquate Kommunikation zu deuten, da sie sich am Anfang ihrer Sprachentwicklung befinden und ihnen daher verbale Möglichkeiten, diesen Konflikt auszutragen, kaum zur Verfügung stehen. Im Alter von Tobias und Jens hingegen könnten jedoch bereits andere kommunikative Möglichkeiten zum Einsatz kommen.

2.2 Unsicherheit im Ausdruck zeigt sich auch im Sozialverhalten

Mangelnde sprachliche Ausdrucksfähigkeit und deren Folgen im sozialen Bereich betreffen gerade deutsche Kinder, die im sprachlichen Bereich wenig Anregung oder Förderung erfahren haben. Eine ähnliche Problematik zeigt sich bei der sogenannten »doppelten Halbsprachigkeit« des Teils der Kinder mit Migrationshintergrund, die zwar die Muttersprache und die deutsche Sprache halbwegs sprechen können, aber nicht wirklich gut beherrschen. Das Problem sind nicht die sprachlichen Fehler, so die Kinder- und Jugendpsychotherapeutin Christiane Winter-Heider, sondern die Unsicherheit im Ausdruck, was sich unter anderem im Sozialverhalten zeigt: »Wenn man seine Gefühle nicht in Sprache ausdrücken kann, dann regiert entweder die Faust oder man zieht sich zurück. Die einen reagieren mit Aggression, die anderen ziehen sich zurück. Jene, die sich zurückziehen, sind nicht besser dran, sie bekommen weniger Unterstützung, weil sie weniger auffallen« (Winter-Heider 2010). Wichtig für die Sprachentwicklung ist hier nicht nur die Förderung der deutschen Sprache, sondern auch die der Muttersprache, um generell die sprachliche Ausdrucksfähigkeit zu unterstützen. In Kanada oder in Schweden ist es zum Beispiel selbstverständlich, neben Französisch- oder Englischunterricht auch Unterricht in der Herkunftssprache zu erhalten, denn die gute Beherrschung der Muttersprache wirkt sich auch positiv auf die Sprachfähigkeit in einer Zweitsprache aus. Auf Mehrsprachigkeit wird in Kapitel 9 noch einmal eingegangen.

Das im Beispiel beschriebene Verhalten von Tobias und Jens lässt auch noch andere Interpretationen zu. So könnte Tobias Nicht-Wahrnehmung der Signale auch damit erklärt werden, dass er in seine Tätigkeit vertieft ist und wenig Aufmerksamkeit für andere hat. Dann wäre die Förderung der Empathie ein schlüssiger Ansatzpunkt. Ebenso könnte man bei Jens annehmen, dass er zwar über die grundlegenden sprachlichen Fähigkeiten verfügt, aber Probleme bei der Durchsetzung eigener Bedürfnisse hat. Dann wäre hier die Arbeit an Ressourcen, wie zum Beispiel an Selbstwert und Mut, sinnvoll. Die verschiedenen Interpretationsmöglichkeiten zeigen, wie wichtig die Beobachtung und eine ganzheitliche Sicht sind, um jedes Kind individuell fördern zu können.

Praxis-Anregungen zur Förderung

Welche Problemverursacher gibt es?

- Der nonverbale Ausdruck von Emotionen (hier von Grenzverletzungen) wird nicht wahrgenommen oder in der situativen Bedeutung erfasst.
- Gefühle und Bedürfnisse können nicht verbalisiert, Interessen nicht verhandelt werden.

Ansatzpunkte einer Förderung können sein:

- Emotionen bei sich und anderen wahrnehmen und sprachlich ausdrücken
- Nonverbalen Ausdruck (Mimik, Gestik) wahrnehmen und verstehen
- Emotionswortschatz erweitern

Der Gefühlswürfel

Ein inzwischen recht bekanntes pädagogisches Instrument ist der Gefühlswürfel. Auf den sechs Seiten eines Würfels sind grundlegende Emotionen als Gefühlsgesichter mit der entsprechenden Mimik abgebildet. Je nach Alter und Fähigkeiten der Kinder kann der Würfel unterschiedlich genutzt werden:

Für jüngere Kinder oder Kinder mit geringen sprachlichen Fähigkeiten

Mit jüngeren Kindern oder Kindern mit geringen sprachlichen Fähigkeiten in der deutschen Sprache werden zunächst die verschiedenen Gesichter erkundet und die Emotionen benannt. Dann würfelt ein Kind verdeckt und stellt das gewürfelte Gefühl mimisch dar. Die anderen Kinder versuchen herauszubekommen, um welches Gefühl es sich handelt und finden Worte dafür.

Wenn dieses Spiel bereits vertraut ist, kann die Intensität variiert werden. Die Kinder stellen die Gefühle in geringer, mittlerer oder hoher Intensität dar – ein bisschen wütend, mittelmäßig wütend oder total wütend etc.

Übungseffekt: Grundlegende Gefühle benennen, den mimischen Gefühlsausdruck wahrnehmen und einordnen, verschiedene Intensitäten von Gefühlen wahrnehmen.

Für ältere Kinder

Mit älteren Kindern kann der sprachliche Ausdruck gefördert werden, indem Geschichten zu Gefühlen erzählt werden:

Ein Kind würfelt und erzählt zu dem Gefühl, das das abgebildete Gefühlsgesicht zeigt, ein eigenes Erlebnis.

Variante: Für manche Kinder ist es leichter, über Erlebnisse anderer Personen zu berichten oder Fantasiegeschichten zu dem Gefühl zu erzählen.

Erfahrungsgemäß ist für viele Kinder das Erzählen ebenso wichtig wie das Zuhören – hier werden ebenfalls die Auseinandersetzung mit dem emotionalen Erleben und sprachliche Lernprozesse angeregt. Darüber hinaus erhalten pädagogische Fachkräfte viele Informationen über das Befinden und Erleben der Kinder, die hilfreich für das Verständnis sein können und häufig Hinweise auf Ressourcen liefern.

Übungseffekt: Emotionsvokabular erweitern, eigene und die Gefühle anderer verbalisieren, Emotionswissen erweitern – Ursache und Wirkung von Gefühlen und deren Zusammenhänge erkennen.

Lesetipp

Eine genaue Anleitung und eine Vorlage zur Herstellung eines Würfels findet sich in:

Mößner, B.; Pfeffer, S.; Pfister, H. (2008): **Wunderfitz – Das große Förderbuch.** Emotionale und soziale Kompetenz, Kreativität. Freiburg: Herder, S. 8.

Situationsbilder und Bildergeschichten weitererzählen

Anhand von Bildvorlagen fragen sich die Kinder, wie es den darauf dargestellten Personen geht: Welche Gefühle haben sie? Wodurch werden diese Gefühle verursacht? Wie wird sich die Situation weiterentwickeln?

Beispiele für Situationsbilder sind: Ein Kind steht vor einer zerbrochenen Milchflasche, die ihm heruntergefallen ist. Ein Kuchen mit brennenden Kerzen steht auf dem Tisch und ein Kind kommt gerade zur Tür herein. Zwei Kinder ziehen an einem Ball.

Übungseffekt: Emotionsvokabular erweitern, Gefühle verbalisieren, Emotionswissen erweitern – Ursache und Wirkung von Gefühlen und deren Zusammenhänge erkennen und darstellen, Lösungen sehen.

Lesetipps

Geeignete Abbildungen finden sich unter anderem in:

Plauen, E. O. (1993): **Vater und Sohn. Bildgeschichten.** Ditzingen: Reclam.

Weller, B. (2005): **Nur Mut! Bilderbox.** Braunschweig: Schubi Lernmedien.

Pfeffer, S.; Storck, C. (2017): **Bilderbuch zum ReSi-Programm**, siehe Kapitel 10.

Den Wortschatz fördern – sprachliche Grundlagen der Problemlösung

Weiter kann gezielt ein bestimmter Wortschatz gefördert werden, der im sozial-emotionalen Bereich bedeutsam ist und benötigt wird, um Beziehungen zu gestalten, Gefühle zu äußern, Interessen zu vertreten sowie Probleme und Konflikte friedlich zu lösen.

Hierzu werden Vorschläge zur Sprachförderung vorgestellt, die sich an das erprobte Programm »ICPS – I Can Problem Solve« anlehnen. Mit jüngeren Kindern werden spielerisch bestimmte Wortpaare eingeübt, die als Grundelemente der Problemlösung gelten. Vergleichbar ist dies mit dem Erlernen der Buchstaben des ABC, die später die Basis für jeden Brief oder Bericht bilden.

Die Kenntnis und richtige Anwendung der Wortpaare führen zu differenzierteren Vorstellungen und Denkrichtungen und sind gleichermaßen wichtig für Kinder mit Deutsch als Erst- und als Zweitsprache. Über sprachliche Differenzierungen werden Unterschiede bewusst. Es geht darum, sprachliche Voraussetzungen zur Verfügung zu haben, um Kompromisse und Bedingungen besprechen und Interessen aushandeln zu können.

Wortpaare

Es gibt zwei Gruppen von Wortpaaren: **Gruppe 1** enthält einfache Wortpaare, zu denen jeweils zwei Übungsbeispiele angeführt sind. **Gruppe 2** beinhaltet weitere Wortpaare mit etwas komplexerem Charakter.

Die Wortpaare können mit den Kindern spielerisch eingeübt werden, indem man sie zum Beispiel auf Kärtchen schreibt, eines davon zieht und die Kinder dann die Aufgabe haben, für das Wortpaar Beispiele zu erfinden.

Gruppe 1 – Grundlegende Wortpaare

Ist/Ist nicht (kein):
Ist das dein Roller? Nein, das ist nicht mein Roller, er gehört Leonie.
Ist Eiscreme ein Mittagessen? Eiscreme ist kein Mittagessen, sondern ein Nachtisch.

Und/oder:
Kannst du ein Buch anschauen und von der Rutsche rutschen?
Spielst du mit Andrea oder Charlotte, oder spielst du mit Andrea und Charlotte?

Einige/alle:
Sind heute alle Kinder um acht Uhr gekommen? Oder sind einige Kinder um acht und einige um neun Uhr gekommen?
Hast du alle Bilder hier im Zimmer gemalt, oder hast du einige der Bilder gemalt?

Davor/danach (bevor/nachdem):
Ziehst du deinen Pulli an, bevor oder nachdem du aufgestanden bist?
Wenn du einen Freund einladen willst, räume bitte davor dein Zimmer auf. Danach kann dein Freund kommen.

Jetzt/später:
Jetzt ist es nicht gut, mit dem Ball zu spielen, das kannst du später im Garten.
Wann holen dich deine Eltern ab? Jetzt im Schwimmbad oder später, wenn wir wieder im Kindergarten sind?

Gleich/anders:
Hast du die gleiche Hose an wie dein Freund?
Was ist gleich an euren Hosen, und was ist anders?

Gruppe 2 – Komplexere Wortpaare

Wenn die einfachen Wortpaare bekannt sind, können die komplexeren Wortpaare eingeführt werden. Sie zeigen den Kindern Zusammenhänge auf und stellen Ursache-Wirkungs-Beziehungen her:

Gute (passende) Zeit/keine gute (passende) Zeit:
Jetzt beim Frühstück ist keine passende Zeit, um zu puzzeln. Aber in der Freispielzeit nach dem Frühstück passt es.
Jetzt ist keine gute Zeit zum Turnen, aber später in der Turnstunde ist eine gute Zeit dafür.

Wenn/dann:
Wenn du die Bücher wieder in das Regal gestellt hast, dann kannst du Fahrrad fahren.
Wenn du das Spiel eingeräumt hast, dann kannst du dir ein neues holen.

Vielleicht/vielleicht nicht:
Vielleicht darf ich nicht mitspielen, wenn ich von Alex einfach die Würfel nehme. Vielleicht darf ich mitspielen, wenn ich ihn frage.
Vielleicht biete ich Stefan etwas von meinem Zitronenkuchen an. Wenn ich ihm nichts von meinem Kuchen gebe, darf ich vielleicht auch nicht von seinem Schokoladenkuchen probieren.

Warum/weil:
Warum kommt mich am Geburtstag niemand besuchen? Weil ich niemanden dazu eingeladen habe.
Warum darf ich als erstes auf die Büchsen werfen? Weil ich am Anfang der Warteschlange stehe.

Fair/unfair:
Es ist unfair, wenn du zweimal hintereinander auf der Wasserrutsche rutschst. Wenn einmal ich und einmal du drankommen, ist das fair.
Wenn Anna und Helene auf der Bank balancieren und versuchen, sich gegenseitig aus dem Gleichgewicht zu bringen, ist das fair. Wenn Andreas und Sabine von der Seite noch an Anna ziehen, ist das unfair.

Wortschatzlisten

Die folgenden Wortschatzlisten können als Hintergrund für eine Sprachförderung dienen, die besonders den Ausdruck von sozial-emotionalen Aspekten unterstützt. All diese Worte und Sätze sind wichtig, um Bedürfnisse auszudrücken, zu verhandeln und Konflikte friedlich beizulegen. Sie sollten daher in einer Sprachförderung beachtet und in Sprachförderprogramme integriert werden.

Gefühlsworte
Ärger, ärgerlich, sich ärgern
Wut, wütend, wüten, wütend sein, vor Wut explodieren, wutschnaubend, wutentbrannt ausrasten, austicken, rumspinnen
Aggression, aggressiv, aggressiv sein
Hass, hasserfüllt, hassen, hässlich, verabscheuen, verabscheuungswürdig
Trauer, traurig, trauern, betrauern
Trübsinn, betrübt, zu Tode betrübt, trübsinnig, betrüblich
Kummer, kummervoll, bedrückt, niedergedrückt, depressiv
Hoffnungslosigkeit, hoffnungslos, sich hoffnungslos fühlen
Melancholie, melancholisch (sein)
Gram, gramvoll, sich grämen
Angst, ängstlich, ängstigend, beängstigend, angsterfüllt, sich ängstigen, Angst haben
Furcht, furchterregend, furchtlos, furchtbar, (sich) fürchten

Schreck, erschreckt, schreckhaft, erschreckend, (sich) erschrecken
Panik, panisch
Neid, neidisch, neiden
Beleidigung, beleidigt (sein), beleidigen
Aufdringlichkeit, aufdringlich, aufdrängen
Empfindlichkeit, empfindlich, empfindsam, empfinden
Unsicherheit, verunsichert, unsicher (sein), verunsichern
Hemmung, gehemmt (sein), hemmend, hemmen
Scham, schamerfüllt, beschämt, sich schämen, fremdschämen, schamlos
Peinlichkeit, peinlich berührt (sein)
Schuld, schuldvoll, schuldig (sein), beschuldigen
Frustration, Frust, frustrierend, frustriert (sein)
Verlust, Verlust empfinden, verlieren
Leere, sich leer fühlen
Leid, leidvoll, leiden
Demut, demütig (sein)
Vorwurf, vorwurfsvoll, vorwerfen
Verachtung, verächtlich, verachtungsvoll, verachten, verächtlich sein
Verleugnung, verleugnet, verleugnen
Verzweiflung, verzweifelt, zweifellos, verzweifeln, verzweifelt sein
Respekt, respektvoll, respektlos, respektieren
Reue, reuevoll, reumütig, bereuen
Verzeihung, verzeihend, verzeihen
Mitgefühl, Mitleid, mitfühlend, mitleiderregend, mitleidig, mitfühlen, mitleiden
Vertrauen, vertraut, vertraulich, vertrauensvoll, vertrauenserweckend, (blind) vertrauen
Stolz, stolz sein, sich stolz fühlen
Verliebtheit, verliebt, verliebt sein, sich verlieben
Zärtlichkeit, zart, zärtlich (sein)
Mut, mutig (sein), mutlos, ermutigen
Schüchternheit, schüchtern (sein)
Schock, schockiert, schockierend, geschockt, schocken
Eifersucht, eifersüchtig (sein)
Geiz, geizig (sein), geizen
Missgunst, missgünstig (sein)
Entsetzen, entsetzlich, entsetzt, erschüttert, entsetzen
Beklemmung, Beklommenheit, beklemmt, beklemmend
Ruhe, ruhig, beruhigend, beruhigen
Einsamkeit, einsam, vereinsamen
Verlassenheit, verlässlich, sich verlassen fühlen
Ehrfurcht, ehrfürchtig, fürchten
Erniedrigung, erniedrigt, erniedrigend, erniedrigen

Körperliches Befinden

kraftvoll, dynamisch, wach, aufmerksam
rastlos, hektisch, zappelig, zittrig, fahrig, erregt
erschöpft, müde, kraftlos, schwach, schlapp, gestresst,
unkonzentriert, unruhig, rastlos, nervös,
durcheinander, verwirrt, aufgewühlt,
ruhig, entspannt, relaxt, gechillt,
angespannt, angestrengt,
erröten, schwitzen, frieren, zittern,
stottern, flüstern,
beben, weinen, lachen, brüllen,
kreischen, schreien, tanzen,
Gänsehaut bekommen ...

Regeln und Grenzen darstellen

Halt! Stopp! Hier ist Schluss! Lass das! Hör auf! Fass mich nicht an! Nein! Jetzt nicht! Ich mag das nicht. Kannst du das bitte lassen. Hier ist meine Grenze. Geh weg! Hau ab! Lass mich in Ruhe!
Mir ist das zu eng. Ich möchte etwas mehr Abstand, das ist mir zu nah! Rutsch bitte ein Stück! Mach Platz!
Das stört mich. Das ist mir zu laut. Das tut mir weh. Ich möchte, dass du aufhörst.
Wir machen das hier so ...! Hier gilt die Regel ...! Die Regel gilt für alle! Wir haben abgemacht, dass ...! Wir haben vereinbart, dass ...! Du weißt doch, dass ...!

Interessen verhandeln

Ich hätte gerne ..., ich möchte bitte ...
Kannst du mir das ... geben?
Wie wäre es, wenn ...?
Lass uns doch ...
Was meinst du?
Findest du nicht auch, dass ...?
Tauschen wir?
Wie viel davon möchtest du haben?
Nimm du es zuerst, danach bin ich dran.
Wie können wir das teilen?
Lässt du mir was übrig?
Was gibst du mir, wenn ich dir davon etwas gebe?
Du willst damit spielen und ich auch. Hast du eine Idee, wie wir das gerecht machen können?

Redewendungen
Das Herz klopft mir bis zum Hals.
Mein Herz läuft über.
Himmelhochjauchzend
Zu Tode betrübt
Mir platzt gleich der Kragen!
Ich platze gleich!
Es knallt gleich!
Ich bin kurz vor dem Explodieren.
Ich steig dir gleich aufs Dach.
Blind vor Wut
Rasend vor Wut
Wütend wie ein Stier
Es macht mich wahnsinnig/verrückt.
Mir stehen die Haare zu Berge.
Ich zittere wie Espenlaub.
Das Herz rutscht mir in die Hose.
Ich bin ein Angsthase.
Ich schäme mich in Grund und Boden.
Ich freue mir ein Loch in den Bauch.
Ich freue mich wie verrückt!
Ich freue mich wie ein Schneekönig!
Ich fühle mich sauwohl.
Ich zerspringe vor Glück!
Ich vertraue dir blind.
Ich bin verliebt bis über beide Ohren.
Ich bin gespannt wie ein Flitzebogen.

3. Empathie – sich in andere einfühlen können

In diesem Kapitel erfahren Sie

- welche Fähigkeiten die Voraussetzung bilden, um sich in andere einfühlen zu können
- wie sich Empathie von Gefühlsansteckung und Mitleid abgrenzen lässt
- was die Entwicklung von Empathie unterstützt

Der Begriff Empathie meint, dass eine Person emotional am Erleben einer anderen Anteil nimmt. Empathie befähigt Menschen, eine emotionale Verbindung zu anderen herzustellen (Friedlmeier/Trommsdorff 1992, S. 138), ihre Perspektive zu übernehmen, sich in sie einzufühlen.

Beim Frühstück

Andreas, Leon und Paul sitzen zusammen beim Frühstück in der Kindergruppe. Andreas ist traurig, denn seine Oma ist gestorben. Die Kinder in der Gruppe wissen davon, da Andreas es im Morgenkreis erzählt hat. Die Traurigkeit ist an seinem ruhigen Verhalten, das im Kontrast zu seinem sonst eher quirligen Temperament steht, und an seinem Gesichtsausdruck zu erkennen. Leon nimmt die Unterschiede wahr und ist etwas vorsichtiger als sonst im Umgang mit Andreas. Paul hingegen ist aufgedreht, macht Witze und Quatsch und will Andreas in seine Aktionen mit einbeziehen. Andreas wehrt zweimal ab. Leon versucht, Paul etwas zu dämpfen, Paul hört jedoch nicht auf. Schließlich springt Andreas auf und schreit Paul an, er soll ihn endlich in Ruhe lassen.

Leon erkennt die Veränderung in Andreas Verhalten und kann auch die Hintergründe zuordnen. Ohne selbst in gleichem Maße traurig und ruhig zu werden, kann er sich in die Situation von Andreas einfühlen und sein Verhalten anpassen. Er respektiert die Gefühlslage von Andreas und versucht, ihn vor dem wenig einfühlsamen Verhalten von Paul zu schützen.

Paul bezieht sich nicht auf die emotionale Situation von Andreas. Er reagiert weder auf dessen nonverbale Zeichen von Trauer, noch stellt er eine Verbindung zu der in der Gruppe bekannten Information zum Tod der Oma her. Stattdessen geht er nur von seiner emotionalen Befindlichkeit aus, die mit ihrer Lebendigkeit und dem Bestreben, Quatsch zu machen, nicht zur Gefühlslage von Andreas passt. Die wiederholte Aufforderung von

Paul, doch endlich beim Quatsch mitzumachen, wird von Andreas als Nichtanerkennen seiner Trauer und als Grenzüberschreitung gewertet. Dass Andreas schließlich wütend und aggressiv reagiert, ist eine nachvollziehbare Konsequenz.

3.1 Was ist Empathie?

Empathie ist eine komplexe Fähigkeit, für die verschiedene andere Fähigkeiten vorhanden sein müssen. Zunächst setzt Empathie das Erkennen und Verstehen von Gefühlen voraus. Empathie bedeutet auch, Gefühle bei anderen wahrzunehmen und sie zugleich vom eigenen Selbst und der eigenen Gefühlslage zu unterscheiden. Man empfindet einerseits mit, merkt aber auch, dass man nicht selbst betroffen ist. Bis ins zweite Lebensjahr werden Gegenstände und Personen als Teil des eigenen Selbst und der eigenen Handlungen wahrgenommen. Die Herausbildung eines Selbstkonzeptes ermöglicht eine getrennte Wahrnehmung von sich und anderen und ist daher eine wichtige Voraussetzung für die Entwicklung von empathischen Fähigkeiten.

Empathie ist also nicht zu vergleichen mit Gefühlsansteckung, die schon bei Säuglingen zu beobachten ist, wenn sie ebenfalls anfangen zu weinen, sobald sie ein anderes Kind weinen hören. »Bei der Gefühlsansteckung gerät die Person durch Identifikation in den gleichen emotionalen Zustand, während bei der Empathie die erlebte Emotion des anderen nachempfunden wird, aber immer in einer ›Als-ob‹-Qualität auftritt, d. h., es handelt sich um eine Teilidentifikation« (Friedlmeier/Trommsdorff 1992, S. 138). Die Perspektive des anderen kann übernommen und zugleich von der eigenen Perspektive differenziert werden.

Empathie unterscheidet sich auch von Mitleid, das sich ausschließlich auf negative emotionale Zustände einer anderen Person bezieht und in Kummer und Besorgnis Ausdruck findet. Empathie hingegen bezieht sich auf alle emotionalen Zustände – ein empathisches Kind kann sich zum Beispiel mitfreuen, wenn sich ein anderes freut, weil beide Eltern es vom Kindergarten abholen (ebd.).

Empathie und prosoziales Verhalten

Empathie und prosoziales Verhalten – Verhaltensweisen wie Helfen oder Trösten – sind eng miteinander verbunden. Kinder mit ausgeprägten empathischen Fähigkeiten zeigen häufiger prosoziales Verhalten (Petermann/Wiedebusch 2016, S. 44ff.). Darüber hinaus ergab eine Studie, dass Kinder sich eher prosozial verhalten, wenn sie sich selbst in einem neutralen oder positiven emotionalen Zustand befinden, und seltener, wenn sie ärgerlich sind (ebd., S. 45).

Hilfsbereitschaft und Unterstützung und damit wesentliche Aspekte von kooperativem Verhalten hängen also in bedeutsamer Weise mit empathischen Fähigkeiten und darüber hinaus auch mit dem eigenen Wohlbefinden zusammen. Einfühlungsvermögen und gegenseitiges Verständnis sind für demokratische Prozesse notwendig. Empathie ist ebenfalls ein wesentlicher Bestandteil in der Gewaltprävention.

»Die frühe Reaktionsbereitschaft auf emotionale Zustände eines anderen bedeutet auch folgendes: Kinder sind von Geburt an sozial ausgerichtet, nicht nur weil sie auf andere für ihre eigene Bedürfnisbefriedigung angewiesen sind, sondern auch weil sie auf emotionale Reaktionen anderer emotional reagieren. Diese soziale Fähigkeit, eine emotionale Verbindung zu anderen herzustellen, führt uns zu der Schlußfolgerung, daß Kinder nicht als ›Egoisten‹ geboren werden, die zu ›sozialen Wesen‹ erzogen werden müssen, sondern daß Keime sozialer Bedürfnisse bereits angelegt sind, die der entsprechenden Pflege und Nahrung bedürfen, um sich ausbilden und entwickeln zu dürfen« (Friedlmeier/Trommsdorf 1992, S. 150).

Was unterstützt nun die Entwicklung von Empathie? Kinder wachsen unter verschiedenen Sozialisationsbedingungen auf, die die Ausbildung von empathischen Fähigkeiten fördern oder hemmen können.

3.2 Empathie in Elternhaus und Kindertageseinrichtung

Zunächst einmal spielen die elterliche Zuneigung und Wärme bei der Ausbildung von empathischen Fähigkeiten eine große Rolle. Die Empathie-Entwicklung des Kindes wird gefördert, indem die Eltern einfühlsam auf seine Bedürfnisse eingehen und ihm Liebe und Fürsorge zukommen lassen (Friedlmeier/Trommsdorff 1992, S. 147ff.).

Mit dem Übertritt in die Krippe, den Kindergarten oder die Schule verbringen die Kinder viel Zeit mit neuen Bezugspersonen und in einer Gleichaltrigengruppe. Wenn sie in diesen neuen Sozialräumen Einfühlsamkeit, gegenseitigen Respekt und Zuneigung erfahren, unterstützt das ebenfalls die Entwicklung von Empathie. Die Erzieher/innen-Kind-Beziehung oder Lehrer/innen-Kind-Beziehung wird dann eine bedeutsame Komponente der weiteren Kompetenzentwicklung.

Eine durchweg positive und von Zuneigung getragene Beziehung zwischen jedem Kind und der pädagogischen Fachkraft ist jedoch ein kaum zu erfüllendes Ideal. Wichtig ist es hier für pädagogische Fachkräfte und Lehrkräfte zunächst einmal, selbst halbwegs mit sich und seinem Leben (auch an der Arbeitsstelle) im emotionalen Gleichgewicht zu sein. Es gilt, gut für sich zu sorgen, ausreichend zu regenerieren und Unterstützung für sich selbst in Anspruch zu nehmen, um auch in der Lage sein zu können, unterstützende Beziehungen zu anderen herzustellen. Unterstützung kann vieles bedeuten: positive Erfahrungen bei der Arbeit und an freien Tagen, ausgleichende Gespräche mit Freunden, kollegialer Austausch, Supervision oder regelmäßige Fortbildungstage, an denen auch Zeit zur Reflexion der eigenen Situation bleibt. Sich als Kolleginnen und Kollegen gegenseitig zu unterstützen, wirkt sich sehr positiv auf die Arbeitsatmosphäre aus, und strukturelle Probleme können gemildert werden. Ebenso ist es sinnvoll, die jeweilige besondere Zuständigkeit für die Kinder aufzuteilen, um so emotionale Überlastungen und Passungsprobleme (wenn die Chemie nicht stimmt) abzuwenden.

Lernen am Modell

Da Kinder am Modell lernen, sind die Eltern Vorbilder für den Umgang mit Gefühlen und Bedürfnissen im Miteinander. Wenn sie sich einfühlsam, respektvoll und sensibel verhalten, sind sie als empathisches Modell eine wichtige Einflussgröße. Hier ist das empathische Verhalten beider Elternteile bedeutsam. Verhält sich zum Beispiel nur die Mutter empathisch, der Vater aber nicht, kann das empathische Verhalten insbesondere von Jungen geschlechtsspezifisch interpretiert und damit möglicherweise als weiblich abgelehnt werden (ebd.).

Mit zunehmendem Alter werden andere Modelle in der Umwelt der Kinder ebenfalls bedeutsam: Das (mehr oder weniger) empathische Verhalten von pädagogischen Fachkräften, Lehrkräften und Gleichaltrigen hat zunehmend Einfluss auf die Empathie-Entwicklung. Hier liegt eine große Chance in der Arbeit mit Kindern, die bislang nur wenig einfühlsames Verhalten erlebt haben. Als Alternativ-Modell (nicht als Gegenmodell!) ist es möglich, den Erfahrungsschatz der Kinder zu bereichern und ihnen neben den bereits bekannten Formen des Umgangs weitere Möglichkeiten aufzuzeigen.

Induktiver Erziehungsstil

Ein induktiver Erziehungsstil kann ebenfalls Empathie fördern. Diese Haltung zeigt sich zum Beispiel folgendermaßen: »Wenn das Kind ein anderes Kind verletzt, macht der Erwachsene den ›Täter‹ auf das Befinden des ›Opfers‹ aufmerksam, fordert den ›Täter‹ auf, sich an die Stelle des ›Opfers‹ zu setzen und artikuliert prosoziale Ziele« (ebd., S. 148). In vielen Elternhäusern wird dieser Erziehungsstil praktiziert. Für Kinder aus weniger fördernden Sozialisationszusammenhängen wird die Haltung der pädagogischen Fachkräfte und Lehrkräfte umso bedeutsamer.

In pädagogischen Einrichtungen gehört es im Idealfall zum Alltag, dass die Kinder darauf aufmerksam gemacht werden, sich in die Lage des anderen hineinzuversetzen und sein Befinden wahrzunehmen. Wichtig ist dabei, auch als Erwachsener die eigenen Emotionen deutlich zu machen und Erwartungen auszusprechen. Nicht förderlich dagegen ist es, wenn Liebe entzogen oder Angst vor Strafe erzeugt wird.

Die Bedeutung von Geschwistern und Gleichaltrigen

Für die Entwicklung von Empathie und prosozialem Verhalten sind die Beziehungen zu Geschwistern ein wichtiges Übungsfeld. Im Alltag werden viele Erfahrungen geteilt, und für Anteilnahme und gegenseitiges Verständnis bietet sich eine Fülle an Gelegenheiten. Mit Geschwistern kann man sich eben »bis aufs Blut« streiten und kurz danach wieder versöhnen. Auch in Kindertageseinrichtungen und Schule erleben Kinder mit anderen Kindern unzählige Situationen, die Anteilnahme und prosoziales Verhalten erlernen lassen.

Praxis-Anregungen zur Förderung

Die Fähigkeit, die Gefühle anderer und deren Perspektive wahrzunehmen, kann in der Arbeit mit Kindern durch Gespräche (siehe induktiver Erziehungsstil), Spiele und Übungen direkt gefördert werden. Hierzu eignen sich die Anregungen aus dem vorausgegangenen Kapitel, wie zum Beispiel Gefühle im mimischen Ausdruck erkennen oder Gefühlslagen in Situationsbildern und Bildgeschichten nachvollziehen.

Beim Lesen von Bilderbüchern bietet es sich an, jeweils die Perspektiven der verschiedenen Protagonisten zu thematisieren: Wie glaubt ihr, fühlt sich die Oma? Warum fühlt sie sich so? Wie geht es dem Vater? Wie sieht die Situation für das Kind aus?

Lesetipp

Weller, B. (2008): **Blickwinkel – Bilderbox.** Braunschweig: Schubi
Hier wird eine Situation aus verschiedenen Blickwinkeln betrachtet. Für die Beteiligten stellt sie sich jeweils unterschiedlich dar (Grundschulalter).

4. Streiten – unterschiedliche Interessen verhandeln

In diesem Kapitel erfahren Sie

- **was unter einem Konflikt zu verstehen ist**
- **wie sich die eigene Haltung zu Konflikten auf das Handeln in Konfliktsituationen auswirkt**
- **was Kinder beim Streiten lernen**
- **welche typischen Stufen der Konflikteskalation aufeinanderfolgen**
- **welche Fähigkeiten wichtig sind, um Konflikte konstruktiv lösen zu können**

Konflikte sind alltäglich, sie gehören zu unserem Leben dazu. Streiten ist eine Tätigkeit, bei der verschiedene Interessen verhandelt werden – die Form kann dabei jedoch höchst unterschiedlich sein. Es geht nicht darum, Streit abzuschaffen, sondern in einer Art zu streiten, die Lösungen möglich macht und körperliche und seelische Verletzungen vermeidet.

Die Worte Streit und Konflikt werden hier im gleichen inhaltlichen Verständnis gebraucht. Bei Kindern ist der Begriff »Streiten« gebräuchlicher und für sie auch verständlicher, während im Zusammenhang mit Erwachsenen häufiger das Wort »Konflikt« verwendet wird.

Was ein Mensch als Konflikt empfindet, ist subjektiv und wird von biografischen Erfahrungen bestimmt. So empfindet es Jan als handfesten Konflikt, wenn er angeschrien wird, während diese Situation für Steve Alltag ist. Bei ihm zuhause wird viel geschrien, und daher ist Schreien für ihn nicht besonders konfliktträchtig, sondern eher normal. Für Klärungsprozesse benötigt man auch eine gemeinsame Konfliktwahrnehmung. Wenn Jan sagt, dass es ihn stört, wenn er von Steve angeschrien wird, und Steve daraufhin meint »Mich stört's nicht – dein Problem«, wird das Zusammenleben schwierig.

In sozialen Systemen gibt es daher gemeinsame Konfliktdefinitionen. Der Begriff »Konflikt« geht auf das lateinische Wort »conflictus« = Zusammenstoß, Kampf zurück. Konflikte entstehen, wenn unvereinbar scheinende oder gegensätzliche Positionen aufeinandertreffen, also Differenzen vorhanden sind. Das können unterschiedliche Verhaltensweisen sein, verschiedene Bedürfnisse oder Interessen, unterschiedliche Meinungen, verschiedene kulturelle Gewohnheiten oder Werte.

Konflikte enthalten meist mehrere Aspekte, zum Beispiel einen Sach- und einen Beziehungsaspekt. Häufig steht dabei allerdings ein Aspekt im Vordergrund. Bei einem Streit darum, wer jetzt mit dem Springseil springen darf, geht es vorwiegend um den Sachaspekt. Wenn aber darüber gestritten wird, wer beim Spiel die Rollen bestimmen darf, geht es in erster Linie um den Beziehungsaspekt, um die Position in der Gruppe.

Der Streit um den Roller

Im Kindergarten beginnt die Nachmittagszeit, in der die Kinder im Freien spielen können. Sie laufen nach draußen in den Garten. Dort gibt es verschiedene Spielmöglichkeiten, und es stehen auch Roller und Dreiräder zur Verfügung. Schnell sind die Fahrgelegenheiten verteilt, nur noch ein Roller lehnt an der Wand. Stefanie und Tim stürmen beide auf ihn zu. »Ich nehme den Roller!« »Nein, ich!« Der Streit um den Roller wogt hin und her, die Kinder werden lauter. Nun reißt Tim an dem einen Griff, Stefanie an dem anderen.

Wie sich dieser Streit weiterentwickelt, hängt von verschiedenen Faktoren ab. Zum einen spielen die Problemlösefähigkeiten und die Streiterfahrung der Kinder eine wesentliche Rolle. Ebenso bedeutsam ist die (vorhandene oder nicht vorhandene) Streitkultur in der Einrichtung. Das heißt: Ist Streiten erlaubt? Gibt es Strategien und Regeln, wie gestritten wird und wo die Grenzen sind? Schließlich hängt der weitere Verlauf der Konfliktsituation davon ab, ob, wann und wie eine pädagogische Fachkraft in den Streit eingreift. Es gibt hier also nicht einen absehbaren Verlauf, sondern verschiedene Einflussfaktoren, die die Situation mitgestalten.

Die schwierige Frage, die sich hier und in vielen anderen Situation für die pädagogischen Fachkräfte immer wieder stellt, lautet: Wann und wie soll ich eingreifen? Welche Antwort man darauf findet, hängt stark davon ab, wie die eigene Haltung zu Streit bzw. Konflikten aussieht.

4.1 Verschiedene Sichtweisen auf Konflikte

Wie ist die eigene Haltung zu Konflikten? Als was werden Konflikte angesehen? Wie wirken sich die verschiedenen Sichtweisen auf Denken und Handeln aus?

Konflikt als Störung des reibungslosen Miteinanders

Diese Sichtweise birgt den Wunsch, schnell wieder Harmonie herzustellen. Der Konflikt ist unerwünscht. Es besteht die Gefahr, dass Erwachsene schnell eingreifen und gemäß ihrer Interpretation Lösungen vorgeben. Die Auseinandersetzung zwischen den Kindern wird vermieden. Dieses Verhalten löst den Konflikt häufig nicht wirklich, und er flammt an einer anderen Stelle wieder auf. Die Kinder können ihre Kompetenzen wenig zum Einsatz bringen und weiterentwickeln.

Konflikt als Chance

Aus dieser Sicht stehen die Lernprozesse und Kompetenzen der Kinder im Vordergrund. Es geht darum, dass die Kinder ihre verschiedenen Interessen verstehen, verhandeln und gemeinsam Lösungen finden. Streit und heftige Auseinandersetzungen gehören zu diesem Prozess und damit zum Alltag dazu. Sie sind willkommene Lernanlässe, auch wenn sie sich nicht unbedingt angenehm anfühlen.

Konflikt als Abweichung

Diese Haltung beinhaltet, dass Konflikte nicht normal sind und daher wenig toleriert werden. Sie werden bekämpft, vermieden oder unterdrückt. Wenn Kinder in einen Konflikt geraten, entsteht bei den Erwachsenen Unruhe und Stress. Im Vordergrund steht das Gefühl, in Alarmbereitschaft zu sein und sofort etwas unternehmen zu müssen.

Konflikt als Normalität

Wenn Konflikte als zum Alltag gehörig und als normal angesehen werden, reagieren Erwachsene gelassener auf streitende Kinder. Es ist genügend Zeit, zu beobachten, um was es geht, wie der Konflikt verläuft, welche Lösungen die Kinder finden, oder ob das Eingreifen von Erwachsenen notwendig ist. Wenn Kinder streiten dürfen und zugleich sicher sein können, dass sie im Falle einer Eskalation Hilfe bekommen, können sie im geschützten Rahmen ihre Kompetenzen entwickeln. Pädagogische Fachkräfte mit dieser Haltung leben einen eher entspannten Umgang mit Konflikten vor.

Was lernen Kinder beim Streiten?

- Bedürfnisse äußern, Spielregeln aushandeln
- Lösungen für Probleme finden
- Verschiedene Interessen verhandeln
- Eigene Interessen durchsetzen
- Andere Perspektiven nachvollziehen
- Mit anderen kooperieren
- Eine Position in einer Gruppe einnehmen
- Sich in einer Gruppe behaupten
- Mit intensiven Gefühlen bei sich und anderen umgehen
- Das eigene Selbstkonzept entwickeln
- Gesellschaftliche Regeln und moralische Werte aushandeln
- Machtverhältnisse verändern

Erfahrungen aus einem Projekt zur Konfliktkultur

Das Jugendamt Nürnberg führt in verschiedenen Regionen der Stadt mit Schulen, Kindergärten und Horten im Verbund regelmäßig ein Projekt mit dem Namen »Lebenswelt Konflikt« durch. In diesem Projekt setzten sich pädagogische Fachkräfte, Sozialarbeiterinnen und Sozialarbeiter sowie Lehrkräfte in Fortbildungen und Teamsupervision mit dem Thema Konflikt auseinander. Dabei geht es um Hintergründe und Sinn von Konflikten sowie präventive Möglichkeiten, die bei der Konfliktlösung helfen.

In einer Region hatten die Teilnehmerinnen und Teilnehmer die Aufgabe, herauszufinden, welche Streitereien die Kinder selbst lösen können und wo sie als pädagogische Fachkräfte eingreifen müssen. Nach einigen Wochen berichteten gerade die Fachkräfte aus dem Kita-Bereich, dass sie nun mit Konflikten anders umgehen und sich besser und sicherer mit dem Thema fühlen würden als zuvor: »Wir warten viel länger ab, bevor wir eingreifen. Wir beobachten mehr und sind sehr erstaunt darüber, wie viele Konflikte schon kleine Kinder selbst lösen können, und auch darüber, welche Lösungen sie finden. Auf einige wären wir nie gekommen!«

Hier haben sich die Haltung der Erzieherinnen und Erzieher zu Konflikten und dadurch auch ihr Handeln geändert. Der vormals häufig empfundene Stress ist weniger geworden, ein entspannterer Umgang hat sich entwickelt. Die Beobachtung von Kindern hat einen höheren Stellenwert im pädagogischen Handeln erlangt. Ergebnis der Veränderung ist, dass die Kinder jetzt öfter die Erfahrung machen können, einen Konflikt selbst zu lösen und deshalb in diesem Bereich mehr Kompetenz erwerben. Eine positive Konfliktkultur kann Beziehungen stärken und dabei helfen, bessere Lösungen zu finden. Konfliktsituationen kann man daher auch als entwicklungsfördernde Kontexte verstehen, in denen Kinder wesentliche Kompetenzen erwerben.

Kindergarten und Schule sind nicht nur Orte, in denen friedlich und harmonisch gelernt wird, sondern es sollte dort auch möglich sein, in geschütztem Rahmen Auseinandersetzungen zu führen und Konflikte bearbeiten zu können. Eine Einrichtung mit einer Streitkultur stellt einen geschützten Raum dar, in dem Kinder ihre Konflikte austragen können und nicht die Erwachsenen die Konflikte für sie lösen. Dafür ist es notwendig, dass sich die Mitarbeiterinnen und Mitarbeiter mit den Chancen von Streitsituationen auseinandersetzen und ihre Haltung zu Konflikten reflektieren. Auch braucht es klare Regeln darüber, was im Streit erlaubt ist und was nicht. Eine grundsätzliche Regel ist, dass zwar Gefühle und Interessen klar ausgedrückt werden dürfen, aber andere Menschen nicht verletzt und Sachen nicht zerstört werden. Zusätzlich zu dieser allgemein gültigen Regel ist es sinnvoll, mit den Kindern gemeinsam Streitregeln aufzustellen.

4.2 Neun Stufen der Konflikteskalation und mögliche Lösungswege

Ein Konflikt ist nicht einfach da, sondern es gibt unterschiedliche Stufen in der Entwicklung. Der Konfliktforscher und -berater Friedrich Glasl (2007) hat ein Modell der Konflikteskalation mit neun Stufen entwickelt. Die in dem Modell beschriebenen Stufen können bei Konflikten zwischen einzelnen Personen, aber auch zwischen Gruppen, Organisationen und Staaten beobachtet werden.

Neun Stufen der Konflikteskalation (nach Glasl)

1. **Verhärtung:** Die unterschiedlichen Standpunkte prallen aufeinander, die Beteiligten bemühen sich aber um Verständnis.
2. **Auseinandersetzung:** Die verschiedenen Interessen und Gefühle werden stärker als gegensätzlich erlebt und dargestellt. Der Ton wird schärfer.
3. **Taten statt Worte:** Die Konfliktparteien grenzen sich voneinander ab, hören sich nicht mehr zu und beginnen, nach ihren Überzeugungen zu handeln.
4. **Lagerbildung:** Eine Partei drängt die andere in eine negative Rolle, während sie selbst die positive Rolle einnimmt. Es entstehen Feindbilder, Gerüchte und Vorurteile, Anhänger für die eigene Seite werden geworben.
5. **Gesichtsverlust:** Die Parteien beleidigen sich in der Öffentlichkeit und stellen sich gegenseitig als böse, krankhaft, verbrecherisch oder unnormal dar. Der Gegner wird nicht mehr als menschliches Wesen mit guten und schlechten Seiten wahrgenommen, sondern zunehmend verteufelt.
6. **Drohstrategien:** Die Parteien setzten sich gegenseitig unter Druck, stellen Forderungen und drohen Bestrafungen an, wenn die Forderungen nicht erfüllt werden – sie stellen Ultimaten.
7. **Begrenzte Vernichtungsschläge:** Der Gegner wird nicht mehr als Mensch wahrgenommen. Es gibt erste Angriffe, zunächst gegen Sachen, später auch gegen Menschen. Ein Verlust auf der Gegenseite wird als eigener Gewinn gewertet.
8. **Zersplitterung des Feindes:** Wenn die Konfliktparteien Gruppen von Menschen sind, versucht eine Partei, den Zusammenhalt in der gegnerischen Gruppe zu zerstören.
9. **Gemeinsam in den Abgrund:** Zumindest eine Partei ist zum Äußersten bereit, selbst wenn die Zerstörung des Gegners auch zur eigenen Vernichtung führt. Die Gegner sehen keinen Weg mehr zurück (vgl. Glasl 2007; Wilms 2002).

Möglichkeiten zur Konfliktlösung

Im Folgenden werden diese neun Stufen im Hinblick darauf betrachtet, in welcher Weise eine Konfliktlösung möglich ist. Dabei werden drei Ebenen unterschieden: Auf der ersten Ebene können die Parteien ihren Konflikt noch aus eigener Kraft lösen, auf der zweiten Ebene ist eine Vermittlung nötig, und auf der dritten Ebene erfolgt die Lösung über einen Machteingriff von außen (Glasl 2007). Diese differenzierte Betrachtung von Konflikten macht deutlich, dass es in der pädagogischen Arbeit mit Kindern wichtig ist, die jeweilige Situation einschätzen zu können und entsprechend unterschiedlich zu handeln.

Ebene I – Selbstständige Konfliktlösungen: Bei Konflikten, die auf den Stufen 1, 2 und 3 einzuordnen sind, gibt es noch die Bereitschaft zu einer gütlichen Einigung; die Beteiligten wünschen sich eine faire Lösung. Die Sache, das Konfliktthema steht im Vordergrund. Das Bewahren der Beziehung ist hier noch wichtig, daher besteht die Bereitschaft zu Konsens und Kompromiss. Hier sind Konfliktlösungen möglich, bei denen beide Seiten gewinnen, was auch als Win-win-Dynamik bezeichnet wird. Auf diesen Stufen ist – abhängig von den vorhandenen Kompetenzen – eine selbstständige Lösung des Konflikts möglich. Mit Stufe 3 verliert die Beziehung zum Konfliktpartner an Bedeutung. Das Gegenüber wird nicht mehr geschont.

Ebene II – Vermittlung: Auf den Stufen 4, 5, und 6 eskaliert der Konflikt weiter. Der Gegner wird anderen gegenüber schlecht gemacht. Indem Bündnispartner geworben werden, dehnt sich der Konflikt aus. Die Suche nach fairen Lösungen tritt in den Hintergrund, die Sachziele geraten zunehmend aus dem Blick, der eigene Sieg auf Kosten der Gegenseite wird wichtiger. Es hat eine Entwicklung hin zu einer Win-lose-Dynamik stattgefunden. Auf diesen Stufen ist eine Vermittlung durch unbeteiligte Dritte notwendig, um noch zu einer konstruktiven Konfliktlösung zu kommen.

Ebene III – Machteingriff: Bei Konflikten auf den Stufen 7, 8 und 9 geht es darum, den Gegner zu besiegen. Die Wahrnehmung ist verengt, die eigenen Sachziele sind vergessen, wichtig ist das Prinzip. Für den Sieg werden auch eigene Nachteile in Kauf genommen, es herrscht eine Lose-lose-Dynamik vor. Um den Schaden zu begrenzen und die Beteiligten zu schützen, sind klare Regeln und häufig auch ein Machteingriff von außen nötig. Eventuell ist es durch diesen Eingriff und eine Deeskalation möglich, wieder zurück zu vorhergehenden Stufen und noch zu einer Lösung zu gelangen.

Mit jeder Stufe schaltet die Außenwahrnehmung – die Wahrnehmung der anderen beteiligten Parteien und Umstände – mehr und mehr ab, und es gibt weniger Verbindung zum anderen. Diese Stufen sind zunächst allgemein formuliert und beziehen sich auf viele Konfliktkontexte. Für pädagogische Fachkräfte kann die Struktur dabei helfen, Konfliktsituationen differenziert wahrzunehmen und deren Dynamik in Richtung Eskalation oder auch Deeskalation zu erfassen.

Viele Konflikte können Kinder alleine lösen, manchmal ist es wichtig, einzugreifen, wenn der Streit zu weit fortgeschritten ist. Aufgabe der pädagogischen Fachkräfte ist es, Konfliktsituationen genau zu beobachten und wahrzunehmen, auf welcher Stufe sich ein Konflikt befindet, was Kinder bereits selbstständig regeln können und wo sie Unterstützung benötigen.

Fragen zur Reflexion

- Welche Haltung habe ich zu Konflikten?
- Was ist mein erster Impuls, wenn ich einen Streit bemerke (beruflich/privat)?
- Wann kann ich bei einem Streit gut abwarten und beobachten?
- Bei welchen Anzeichen habe ich das Gefühl, dass ich eingreifen muss?

Praxis-Anregungen zur Förderung

An welchen Punkten kann man ansetzen, um die Konfliktlösefähigkeiten und die Fähigkeiten zur Deeskalation bei Kindern zu unterstützen? Dazu gehört:

- Eigene Gefühle wahrnehmen und verbalisieren
- Bedürfnisse und Ziele klären
- Grenzen wahrnehmen und äußern
- Empathie fördern
- Selbstbewusstsein unterstützen
- Ich-Botschaften formulieren

Ich-Botschaften üben

Um Konflikte gut regeln zu können, ist die Formulierung von Ich-Botschaften wichtig. Sie geben im Konflikt genaue Informationen, was einen stört, welche Bedürfnisse bestehen, wo aus subjektiver Sicht eine Grenze überschritten wurde. Ich-Botschaften verkünden keine allgemeinen Wahrheiten wie Generalisierungen in Du-Botschaften (»Immer nimmst du mir alle Legosteine weg«). Du-Botschaften verhindern oft Konfliktlösungen, weil der eine verkündet, wie der andere ist, und dieser sich dann dagegen zur Wehr setzt. Die Energie wird für Angriff und Verteidigung eingesetzt; dieses Beziehungsmuster macht gemeinsame Lösungen sehr schwierig. Während Generalisierungen und Du-

Botschaften im Streit eskalierend wirken, helfen Ich-Botschaften dabei, zu deeskalieren (»Ich möchte auch Legosteine haben«).

Präventiv-Übung

Die Kinder sitzen in der Runde. Nacheinander teilt jedes eine Ich-Botschaft mit: Ich finde …; Ich fühle mich …; Ich mag …; Ich mag nicht …; Mir ist … wichtig.

Akut-Übung

In einer Situation, in der ein Kind ein anderes beschuldigt oder kritisiert, werden beide gefragt, was sie denn eigentlich selbst möchten (Ich-Botschaft). Hat ein Kind sein Bedürfnis formuliert, wird das andere Kind gefragt, ob es die Botschaft gehört und verstanden hat. Sind beide Kinder zu Wort gekommen, werden sie aufgefordert, sich Lösungen zu überlegen, in denen die Wünsche beider zumindest zum Teil berücksichtigt werden können.

Streitregeln mit den Kindern erarbeiten

Die pädagogische Fachkraft bespricht mit den Kindern in einer Gesprächsrunde, welche Regeln für sie wichtig sind, um gut streiten zu können. Gut streiten heißt, dass man auf der einen Seite ausdrücken kann, wie es einem geht, was einen stört und was man will und sich auf der anderen Seite sicher fühlen kann, weil grundlegende Grenzen eingehalten werden.

Wenn Einigkeit darüber besteht, welche Regeln wichtig sind, wird für jede Regel ein Plakat angefertigt. Darauf wird jeweils mit Fotos, Zeichnungen und Text dargestellt a) wie es nicht sein sollte und b) welche Alternative es gibt. Es wird also nicht nur das Verbot festgehalten, sondern auch eine Handlungsmöglichkeit angeboten. Die Plakate werden in der Kindertageseinrichtung aufgehängt.

»Wir beschimpfen uns nicht!«

Das Plakat ist durch einen Strich in zwei Bereiche geteilt. Auf der oberen linken Ecke befindet sich ein großes Minus, daneben steht: »So nicht!« Darunter klebt ein Foto, auf dem ein Kind mit offenem Mund und bedrohlicher Geste ein anderes anschreit. Die Sprechblase zum Mund des schreienden Kindes enthält die Worte: »Hau ab, du blöde Kuh!«

In dem zweiten Bereich darunter befindet sich ein großes Plus, daneben steht: »So ist es besser!« Darunter klebt ein Foto, auf dem das eine Kind in aufrechter Haltung dasteht und zu dem anderen schaut. Der Text in der Sprechblase lautet: »Lass mich bitte in Ruhe!«

Im Kita-Alltag ist in Einrichtungen, die diese Streitregeln mit den Kindern zusammen aufgestellt haben, immer wieder zu beobachten, dass die Kinder die Plakate anschauen, sie ihren Eltern zeigen und sich im Streitfall in der Gruppe darauf berufen.

Lesetipp

Schärer, K. (2010): **So war das! Nein, so! Nein, so!** Weinheim: Beltz

Fuchs, Bär und Dachs streiten darüber, warum ein aus Steinen gebauter Turm eingekracht ist. Jeder berichtet lautstark, wie es dazu kam. Die Versionen unterscheiden sich erheblich voneinander und werden in lebendigen Bildern dargestellt. Die Rechthaberei mündet schließlich in eine handfeste Prügelei. Nun mischt sich ein Eichhörnchen ein, das bisher von oben die Szenerie beobachtet hatte. Aber auch seine vermittelnde Version wird nicht berücksichtigt, sondern alle beginnen wieder loszuschreien. Als das Eichhörnchen murmelt »Wenn ihr euch nicht zuhört, könnt ihr einander nicht verstehen« und beginnt, mit den Steinen einen Staudamm im nahgelegenen Wasser zu bauen, hören die anderen auf zu streiten und bauen mit.

Das Buch bietet verschiedene Ansatzpunkte, um über Streiten und Recht-haben, über verschiedene Vorstellungen, warum es zum Streit gekommen ist, und über das Zuhören mit Kindern ins Gespräch zu kommen. Die Bilder sind lebendig und kraftvoll, und es ist sehenswert, wie der Fuchs dem Bären und dem Dachs die Zunge herausstreckt.

5. Freundschaft – ein Grundbedürfnis des Menschen

In diesem Kapitel erfahren Sie

- was das Besondere an Freundschaft im Unterschied zu anderen Beziehungen ist
- wie Fähigkeiten aus dem sozial-emotionalen Spektrum helfen, Freundschaft zu gestalten
- welcher Zusammenhang mit der Erfahrung von Ablehnung und Ausgrenzung besteht
- wie positive und negative Erfahrungs-Kreisläufe aussehen
- wie Freundschaft und Streiten zusammenhängen

Soziale Kontakte und das Eingebundensein in unterstützende Beziehungen sind Grundbedürfnisse des Menschen. Sie ermöglichen Erfahrungen von Vertrautheit, Nähe, Austausch, Auseinandersetzung, Streit und Versöhnung. Mit freundschaftlichen Kontakten kann über die familiären Beziehungen hinaus soziale Unterstützung sowohl praktischer als auch emotionaler Art verbunden sein. Bereits Kindergartenkinder empfinden ihre Freunde und Freundinnen als wichtige Unterstützungsquelle.

Dies wurde unter anderem in einer Studie deutlich, über die Karin Wehner (2006, S. 125ff.) berichtet. Hier wurden vier- bis fünfjährige Kinder gefragt, an wen sie sich in einer vorgegebenen Situation wenden würden, um Unterstützung zu bekommen. Am häufigsten benannten die Kinder die Mutter, mit zweitgrößter Häufigkeit aber gaben sie ihre Freunde und Freundinnen an. Darüber hinaus weisen verschiedene Studien auch auf einen Zusammenhang zwischen unterstützenden Freundschaftsbeziehungen und der Gesundheit von Kindern und Jugendlichen hin (ebd., S. 126).

»Die Erfahrungen, die Kinder und Jugendliche mit anderen Kindern und Jugendlichen sammeln, tragen offensichtlich in erheblichem Maße zum guten Lebensgefühl dieser jungen Menschen bei. Um dies zu verstehen, muss sich ein Erwachsener in die Erinnerung zurückrufen, welch große Leistung ein Kind vollbringt, wenn es schafft, ein anderes Kind zur Freundin oder zum Freund zu gewinnen. Eltern und Geschwister ›hat man‹. Andere Kinder aber sind unabhängige Menschen, die frei sind, ihre Sympathie diesem Jungen oder diesem Mädchen zuzuwenden. Wie großartig, wenn es einem Kind gelingt, erst die Aufmerksamkeit und dann die Zuneigung eines anderen auf sich zu lenken!« (Krappmann 2002, S. 258).

Ein charakteristisches Merkmal von Freundschaft ist die Freiwilligkeit der Beziehung. Sie entsteht durch gegenseitige Wahl, ist personenbezogen, wenig standardisiert und muss daher gestaltet und ausgehandelt werden. Im Gegensatz dazu entsteht zum Beispiel eine Beziehung zwischen einer Erzieherin und einem Kind durch die sozialen Rollen. In ihrer Position innerhalb einer Einrichtung (und nicht als Privatperson) ist die Erzieherin verantwortlich für Wohlergehen und Entwicklung des Kindes und steht in einer professionellen Beziehung zum Kind. Das Kind kann aufgrund seiner Position als Kita-Kind eine gewisse Fürsorge und Unterstützung erwarten. Diese durch soziale Rollen vorbestimmte Beziehung kann in Teilen ebenfalls unterschiedlich ausgestaltet werden und ist wünschenswerterweise wohlwollend und unterstützend, aber sie ist im Gegensatz zu einer freundschaftlichen Beziehung nicht frei gewählt.

Gerade bei jüngeren Kindern werden Freundschaften zunächst durch die Wohnortnähe, Elternkontakte und attraktives Spielzeug gestützt. Spiel- und Treffmöglichkeiten im nahen Wohnumfeld sind wichtig. Das alleine reicht jedoch noch nicht aus, um Freundschaften zu schließen und aufrechtzuerhalten. Kinder brauchen Fertigkeiten, die es ihnen ermöglichen, mit anderen in Kontakt zu kommen, sich über Meinungen zu verständigen, zu streiten und sich wieder zu versöhnen.

Auf dem Wasserspielplatz

Andrea, Leonie und Paul bauen am Ende der Wasserrinne eine Seenlandschaft. Leonie betätigt heftig den Hebel an der Wasserpumpe und die beiden anderen Kinder versuchen abwechselnd, die Wasserströme in die Seen zu lenken und diese tiefer auszugraben. Steffi schaut den anderen Kindern aus einigen Metern Entfernung zu. Sie möchte gerne mitspielen, geht einige Schritte näher und bleibt dann wieder stehen. Dann spricht sie Andrea und Paul an: »Oh, da muss man ganz schön tief ausgraben.« Die beiden nicken: »Hmm.« Daraufhin fragt Steffi: »Kann ich mitmachen?« Die anderen schauen sich kurz an und nicken. Steffi beginnt ebenfalls, die Seen tiefer auszugraben. Nach einiger Zeit schlägt sie vor, einen weiteren See zu graben, die anderen machen mit.
Nun bemerkt Kim das Spiel an der Wasserpumpe und kommt so nah, dass sie fast in das gegrabene Loch für den neuen See hineintritt. Sie ruft »He, lasst mich mal, ich kann besser graben« und drängt sich zwischen die anderen Kinder. Die protestieren: »Hau ab, wir waren zuerst da! Das sind unsere Seen.« Sie wollen Kim nicht dabeihaben.

Diese Situation kann damit enden, dass Kim wütend und zugleich traurig weggeht und wieder einmal die Erfahrung gemacht hat, ausgeschlossen oder abgelehnt zu werden. Das Ganze kann aber auch eskalieren, wenn Kim zum Beispiel die Grenzziehungen der anderen weiter übergeht und in das Spiel eingreift oder beginnt, aus Frust über ihre Ablehnung die anderen zu beleidigen oder anzugreifen.

5.1 Die Bedeutung von emotionalen Basiskompetenzen für soziale Kontakte

An dem vorhergehenden Beispiel wird deutlich, dass verschiedene Fähigkeiten aus dem sozial-emotionalen Spektrum nötig sind, um soziale Kontakte zu beginnen, die sich dann vielleicht zu Freundschaften weiterentwickeln können. Ebenso wird sichtbar, wie fehlende Fähigkeiten zu Ablehnung und Ausgrenzung führen können. Im Vergleich zu Kims Verhalten fällt auf, dass Steffi sich langsam annähert – sowohl auf räumlicher als auch auf sprachlicher Ebene. Sie bezieht sich auf das, was die anderen Kinder gerade tun, wartet deren Reaktionen ab und macht erst nach deren Zustimmung den nächsten Schritt. Damit macht Steffi deutlich, dass sie die anderen Kinder wahrnimmt und deren Grenzen respektiert. Erst nachdem sie den Kontakt zu den anderen Kindern hergestellt hat, macht sie Vorschläge zu dem weiteren Vorgehen. Kim hingegen platzt direkt ins Spiel hinein. Sie nimmt die anderen Kinder und deren Reaktionen zunächst nicht wahr, sondern ist mit ihrem Wunsch, auch dabei zu sein, beschäftigt. Kim übertritt die Grenzen der anderen und gibt ihnen keine Gelegenheit, mitzuentscheiden, ob sie mitspielen darf oder nicht. Die anderen Kinder fühlen sich übergangen und gestört und wenden sich gegen Kim.

Um soziale Kontakte zu beginnen und fortzuführen ist es wichtig, andere in ihrem momentanen Tun und Befinden wahrnehmen zu können, schrittweise auf sie zuzugehen und ihren Raum, ihre Grenzen zu erkennen und zu achten. Diese Fähigkeiten müssen vorhanden sein, um in eine bestehende Situation hineinzukommen, sich hineinzuspielen. Dazu gehört, nonverbale Zeichen wahrnehmen und deuten zu können, da Grenzen häufig zunächst nonverbal angezeigt werden – durch veränderte Gesichtsmimik, Versteifen der Körperhaltung, Schultern hochziehen, Abwenden, Wegdrehen, einen Schritt zurückgehen etc. Wenn darauf reagiert wird – durch Stehenbleiben, einen Schritt zurückgehen, eine Frage stellen –, kann sich die Situation wieder entspannen und positiv weiterentwickeln.

Von wesentlicher Bedeutung sind auch die sprachlichen Fähigkeiten, damit eine Situation gestaltet und eigene Bedürfnisse angemessen ausgedrückt werden können. Darüber hinaus ist es wichtig, abwarten und einen Wunsch für eine bestimmte Zeitspanne zurückstellen zu können, um andere nicht zu überfahren und eine wechselseitige Kommunikation aufzubauen. Spontane Impulse müssen im Zaum gehalten, kontrolliert werden können. Das heißt: Jede Förderung von emotionalen Basiskompetenzen unterstützt auch die Kontaktaufnahme und die Gestaltung von Beziehungen.

5.2 Positive und negative Erfahrungs-Kreisläufe

Wenn diese Fähigkeiten – wie bei Steffi – vorhanden sind und in sozialen Situationen zum Einsatz kommen, entsteht ein Kreislauf positiver Erfahrungen. Steffi entwickelt das Gefühl von Selbstwirksamkeit. Sie kann Kontakte und Freundschaften herstellen und erfährt, dass andere mit ihr spielen wollen, sie mögen. Verschiedene Erfahrungen voller Ressourcen reihen sich aneinander und wirken sich wiederum in späteren sozialen Situationen günstig aus.

Sind diese Fähigkeiten dagegen wenig ausgebildet, kann ein Kreislauf negativer Erfahrungen entstehen. Kim macht immer wieder die Erfahrung, dass sie nicht mitspielen darf, dass sie ausgeschlossen wird. Sie versteht nicht, warum das so ist und hat keine Kontrolle über die Situation, kann sie nicht positiv gestalten. Wenn diese negativen Erfahrungen gehäuft auftreten und nicht durch ausreichend positive Erfahrungen entschärft werden, kann das in ein negatives Selbstbild münden und sich auch im sozialen Kontakt negativ auswirken. Kim geht möglicherweise in neue soziale Situationen schon mit der Vorannahme hinein, dass sie keiner dabeihaben will, sie Streit bekommen wird und verhält sich entsprechend.

In der Arbeit mit Kindern, die zumindest teilweise in negativen Kreisläufen stecken, ist es wichtig, an einzelnen Fähigkeiten im sozialen und emotionalen Bereich zu arbeiten (Gefühle, Grenzen bei sich und anderen wahrnehmen, Bedürfnisse konstruktiv äußern, Sprachfähigkeiten, Kommunikation, Impulskontrolle). Um den negativen Kreislauf zu durchbrechen, ist es ebenso entscheidend, ressourcenvolle Erfahrungen zu ermöglichen, in denen das Kind erlebt, dass es zu einer Gemeinschaft gehört, gemocht wird und sein Selbstbild in diese positive Richtung erweitern kann.

5.3 Voneinander und miteinander lernen

Ein Kind benötigt für seine emotionale und soziale Entwicklung Beziehungen zu anderen Kindern. Anders als im Kontakt zu Erwachsenen machen Kinder in Beziehungen zu Gleichaltrigen die Erfahrung von Gleichheit und Gegenseitigkeit. Spielregeln, Rollen, Machtverhältnisse müssen miteinander ausgehandelt werden. Wenn das nicht gelingt, kommt kein Spiel zustande; insofern sind die Kinder aufeinander angewiesen.

In diesem Rahmen schaffen die Kinder gemeinsam ihre soziale Realität. Sie klären miteinander, wie das gemeinsame Handeln aussehen soll und wandeln Vereinbartes auch immer wieder ab, damit es nicht zu langweilig wird, sondern spannend bleibt. Das birgt viel Stoff für Konflikte und die Gefahr, dass die Spielgruppe zerfällt, wenn manche Kinder sich zu wenig einbringen können oder die Lust am Spiel verlieren. Neben dem Einbringen und Durchsetzen eigener Bedürfnisse und Ideen geht es daher auch immer wieder darum, sich miteinander abzustimmen und zu einigen. Auch wenn Streitereien mitunter heftig und laut ausgetragen werden, bemühen sich Kinder in der Regel auch um die Einhaltung bestimmter Grenzen, denn diejenigen, die »ausrasten«, haben keinen guten Stand in der Sozialwelt der Kinder (vgl. Krappmann 2002, S. 260ff.).

In den »teils friedlich betriebenen Aushandlungen, teils lautstark ausgetragenen Streitereien« (ebd., S. 264) erwerben Kinder viele Fähigkeiten in verschiedenen Bereichen. Probleme haben eine intellektuell-kognitive Seite. Hier geht es um Wissen, um Definitionen, logische Folgerungen und Argumentationen. Zugleich finden diese Aushandlungsprozesse in bestimmten Beziehungsgeflechten statt: Wer hat welche Stellung? Wer hört wem zu? »Eine gute Stellung unter Kindern wird sehr gefördert, wenn Kinder und Jugendliche gemeinsame Unternehmungen unterstützen, wenn sie zuverlässige Mitglieder in Freundschaft und Gruppen sind und wenn sie helfen, falls es nötig ist« (ebd.).

Auch Humor und Spaß spielen eine bedeutende Rolle bei der Anerkennung von anderen. Kinder mögen es nicht, wenn andere streitsüchtig sind. Das bedeutet aber nicht, dass Kinder verlangen, »dass Freunde nicht streiten, sondern dass sie sich Kinder als Freundinnen oder Freunde wünschen, mit denen man sich ›schnell wieder vertragen‹ kann« (ebd.). Ebenfalls lernen sie, mit Regeln und Regelverstößen umzugehen. Dabei geht es nicht nur um angepasstes Verhalten, sondern Normen werden auch verhandelt – zum Beispiel, wer wem wann verpflichtet ist, wann ein Versprechen eingehalten werden muss und wann nicht mehr. Gelernt wird, wie menschliche Probleme grundsätzlich geregelt werden sollen; daher unterstützt dieses Lernfeld auch die moralische Entwicklung.

Anhand dieser Beobachtungen von Kindern wird deutlich, wie Freundschaften in eigeninitiativer und partnerschaftlicher Weise die Entwicklung von sozial-emotionalen Kompetenzen, die Herausbildung von moralischen Vorstellungen und von Regeln für das Zusammenleben in Aushandlungsprozessen ermöglichen. Ebenso zeigt sich, wie wichtig – wenn auch nicht immer angenehm – Konflikte und Streit sind, weil dabei viele Lernmöglichkeiten entstehen.

Praxis-Anregungen zur Förderung

Thematisierung über (Bilder-)Bücher

In einer Gruppe von Kindern wird zunächst ein Bilderbuch vorgelesen, in dem das Thema »Freunde« oder »Freundschaft« im Mittelpunkt steht. Hier gibt es viele Angebote. Ein Klassiker ist »Freunde« von Helme Heine oder das Buch »Hops und Huper« von Holly Hobbie.

Am Ende der Geschichte oder auch schon während des Vorlesens geht es darum, mit den Kindern über das Thema ins Gespräch zu kommen. Dabei kann es um folgende Fragen gehen:

- Welche Erfahrungen habt ihr mit Freunden?
- Was ist besonders schön mit Freunden?
- Was ist wichtig in einer Freundschaft?

Ziele sind hierbei, ressourcenvolle Erfahrungen in Erinnerung zu rufen und bewusst zu machen, einen Austausch zu ermöglichen und insgesamt das Thema Freundschaft in den Aufmerksamkeitsfokus der Kinder zu rücken.

Verhaltensweisen herausfinden, die (mehr oder weniger) Kontakt ermöglichen

Mit etwas älteren Kindern kann man gemeinsam auf die Suche gehen, welche Verhaltensweisen günstig oder weniger günstig für Kontakte sind. Als Einstieg wird eine Situation geschildert, in der ein Kind zu anderen Kindern dazukommen möchte. Im Anschluss an das Beispiel vom Wasserspielplatz (siehe Seite 50) lassen sich unter anderem folgende Szenarien ausdenken:

Kontakt anbahnen: Andrea, Leonie und Paul bauen am Ende der Wasserrinne eine Seenlandschaft. Leonie betätigt heftig den Hebel an der Wasserpumpe, und die beiden anderen Kinder versuchen abwechselnd, die Wasserströme in die Seen zu lenken und diese tiefer auszugraben. Fabian sieht die Kinder bauen und möchte gerne mitmachen.
Fragen für das Gespräch mit den Kindern:

- Was könnte Fabian tun?
- Wenn ihr die Kinder wärt, wann würdet ihr ihn mitspielen lassen, wie müsste er sich verhalten?
- Was sollte er nicht tun?
- Was müsste er tun, damit er garantiert nicht mitspielen darf?

Kontakt längerfristig aufrechterhalten: Die vier Kinder Andrea, Leonie, Paul und Fabian spielen jetzt schon längere Zeit immer wieder zusammen an der Wasserstelle.
Fragen für das Gespräch mit den Kindern:

- Wie sollten die Vier sich verhalten, damit sie weiterhin zusammen spielen möchten?
- Was würde das gemeinschaftliche Spiel schwieriger machen?
- Was würde das gemeinschaftliche Spiel zerstören?

Grenzen wahrnehmen

Für dieses Spiel benötigt man einen großen Raum oder eine Turnhalle. Die Kinder gehen paarweise zusammen. Die Paare bekommen zwei verschiedenfarbige Bänder, zum Beispiel in gelber und blauer Farbe. Die Kinder hängen sich jeweils ein Band um – im Folgenden werden sie jeweils Gelb und Blau genannt.

Ablauf: Ein Paar, bestehend aus Gelb und Blau, stellt sich im Abstand von ungefähr drei Metern einander gegenüber. Gelb bekommt als Aufgabe, langsam auf Blau zuzugehen und ihn dabei genau anzuschauen. Wann ist es für Blau noch angenehm und wann ist ihm Gelb zu nahe? Was kann Gelb sehen, welche nonverbalen Zeichen bei Blau deuten darauf hin? Geht er zum Beispiel zurück, schaut er erst noch locker und dann auf einmal starr?

Gelb probiert die Annäherung zweimal, tauscht sich mit Blau aus, dann wechseln sie die Rollen. Nun bleibt Gelb stehen und Blau bewegt sich langsam auf Gelb zu. Nach zwei Runden verabschieden sie sich voneinander, suchen sich jeweils einen neuen Partner und probieren wieder die Nähe und Grenze aus.

Ziel: Das Ganze sollte spielerisch und mit Neugier ablaufen. Es geht nicht darum, welche Wahrnehmung richtig oder falsch ist, sondern um eine grundsätzliche Sensibilisierung für Grenzen. Wichtiger als das Spiel ist, was in den Tagen danach passiert. Ziel ist es, dass die Kinder mehr auf Grenzen achten, sie bei anderen wahrnehmen und darüber ihre Fähigkeiten weiterentwickeln. Es geht bei dem Spiel darum, einen Impuls zu setzen, der von den Kindern eigentätig weiterentwickelt wird.

6.

Ängstliches Verhalten – auf der Suche nach Sicherheit und Geborgenheit

In diesem Kapitel erfahren Sie

- ob Angst immer als Problem anzusehen ist
- wann Angst als normal zu bewerten ist
- was Anzeichen für eine Angststörung sind
- an welchen Punkten eine Unterstützung ansetzen kann

Kinder mit ängstlichem Verhalten ziehen sich eher zurück, sind weniger auffällig und fordernd als Kinder, die sich laut und aggressiv verhalten. Das führt unter Umständen dazu, dass ängstliche Kinder häufiger übersehen werden und in einer Gruppe weniger Aufmerksamkeit bekommen. Ihre Schwierigkeiten sind nicht so augenfällig und stören auch weniger den Ablauf in der Kindertageseinrichtung. Aber gerade für diese Kinder ist es wichtig, genug Aufmerksamkeit und kontinuierliche, sichere Zuwendung zu bekommen, um Empfindungen von Sicherheit und Geborgenheit aufbauen zu können.

Peter bleibt zurück

Peter ist vor Kurzem fünf Jahre geworden. Er wirkt eher scheu und steht oft im Hintergrund, mitunter auch ganz körperlich hinter der Erzieherin. Heute ist ein schöner warmer Tag und die Wasserrutsche ist aufgebaut. Aus Sicherheitsgründen können immer nur fünf Kinder zum Rutschen gehen. Schnell sind die Fünf gefunden, die sich nun lärmend auf den Weg machen. Peter bleibt zurück, schaut aber mit traurigen Augen in Richtung Rutsche. Als die Erzieherin Peter fragt, warum er sich nicht gemeldet hat, sagt er: »Die wollten mich bestimmt nicht mit dabeihaben.«

Die Erzieherin hat die Situation aufmerksam beobachtet und Peters Blick bemerkt. Seine Gedanken erfährt sie nur deshalb, weil sie nachfragt. Dadurch hat die Erzieherin Möglichkeiten, weiter mit Peter ins Gespräch zu kommen und ihm zunächst zu helfen, seine Wünsche zumindest im sicheren Rahmen mit ihr auszudrücken. Mit den gewonnenen Informationen kann die Erzieherin dann überlegen, wie sie ihn weiter unterstützen könnte. Sie könnte andere Kinder als Helfer mit einbeziehen, an Ressourcen arbeiten oder – nicht mit Peter direkt, sondern mit der ganzen Gruppe – das Thema Angst ansprechen und gemeinsam nach hilfreichen Möglichkeiten des Umgangs mit der Angst suchen. So geht es dann nicht speziell um Peter, sondern alle Kinder sind angesprochen. Ein Vorgehen, das das eigentlich von der Problematik betroffene Kind entlasten kann. Dieses »Über-Bande-arbeiten« ist oftmals eine gute Möglichkeit für Kinder, sich Ideen aus einem Angebot herauszunehmen, ohne dass sie durch direkte Interaktion in Zugzwang kommen.

Häufig sind mit ängstlichem Verhalten einschränkende Gedanken verbunden, die dazu führen, dass ein Kind sich zurückhält, sich nicht traut, sich nicht aktiv für seine Wünsche einsetzt, weil es Angst hat, zurückgewiesen zu werden, etwas falsch zu machen. Das Kind richtet die Aufmerksamkeit nach innen (»Die wollen mich nicht«, »Ich kann das nicht gut genug«), anstatt sich auf die äußere Situation zu konzentrieren (»Hey, was passiert denn da«, »Das ist ja interessant, da mag ich mitmachen«). Diese Ausrichtung nach innen kann die Aktivität und Initiative besonders bei negativen Gedanken lähmen.

Im pädagogischen Setting ist die Wahrnehmung, Beachtung und Unterstützung von Kindern mit ängstlichem Verhalten ein wichtiges Ziel, auch wenn andere Kinder auffälliger, »lauter« sind. Ängstliche Kinder brauchen behutsame Ermutigung und eine sichere Beziehung, um mehr Selbstbewusstsein zu entwickeln. Wichtig ist auch, ihnen dabei zu helfen, neben diesen ängstigenden Gedanken Vorstellungen zu entwickeln, die ihnen Mut und Sicherheit geben.

6.1 Angst als Entwicklungsaufgabe

Angst kennt jedes Kind und jeder Erwachsene. Sie gehört zur normalen Entwicklung und zum Leben dazu, wie alle anderen Gefühle, und der Umgang mit der Angst ist eine Entwicklungsaufgabe über den Lebenslauf hinweg.

Mit ungefähr acht Monaten beginnen Kleinkinder häufig zu fremdeln, eine Scheu vor unbekannten Menschen zu zeigen, die zuvor nicht da war. Hintergrund ist die Entwicklung der Fähigkeit, zunehmend zwischen Vertrautem und Fremdem unterscheiden zu können und darauf emotional zu reagieren.

Mit der fortschreitenden motorischen Entwicklung kann das Kind sich zunehmend selbstständig von der Betreuungsperson wegbewegen, zunächst auf allen vieren und dann auf zwei Beinen. Das Kind erfährt Autonomie, es entdeckt allein die Welt, muss aber zugleich mit der Trennungssituation, der Entfernung, dem möglichen Alleinsein umgehen. Immer wieder ist zu beobachten, dass ein Kind freudig von der Mutter wegkrabbelt, dann innehält, sich umdreht und mit Blicken versichert, ob sie noch da ist. Etwas später traut es sich noch weiter weg, biegt um die Ecke, sodass die Mutter aus dem Blickfeld gerät, und ruft: »Mama?« Wenn dann die Mutter antwortet »Ja, ich bin da«, ist die Sicherheit wiederhergestellt. In dieser Lebensphase geht es darum, mit Trennungsangst umgehen zu lernen, wegzugehen und wiederkommen zu können, Autonomie zu erfahren und dabei zugleich Sicherheit zu entwickeln.

Im Zusammenhang mit der Entwicklung der Vorstellungskraft – meist im Alter von ungefähr drei oder vier Jahren – beginnen Kinder Angstgefühle, die mit inneren Vorstellungen zusammenhängen, aktiv zu erforschen und zu kontrollieren. Sie wollen zum Beispiel, dass man ihnen spannende Geschichten vorliest, rufen dann aber »Stopp, aufhören!« oder laufen aus dem Zimmer, wenn es zu spannend wird. 30 Sekunden später sind sie wieder da und möchten, dass man weiterliest. Die Kinder lernen dabei, mit den aufregenden Angstgefühlen umzugehen und sie bei sich zu kontrollieren. Daher ist es auch wichtig, ihnen in solchen Situation die Steuerung zu überlassen und spielerisch auf ihr »Stopp« und »Weiter« einzugehen. Bei etwas älteren Kindern sind dann Gruselgeschichten sehr beliebt, bei denen sie den Umgang mit spannungsauslösenden Fantasien üben. Immer geht es darum, die aufwühlenden, spannungsreichen Empfindungen zu spüren und zugleich zu lernen, sie im Zaum zu halten, sich in intensive Emotionen hineinzuwagen und die Sicherheit zu entwickeln, sich auch wieder beruhigen zu können.

Angst als Warnfunktion und Teil der Handlungsfähigkeit

Die Erfahrung von Angst und deren Bewältigung gehören zur Entwicklung dazu. Es geht nicht darum, keine Angst mehr zu haben, denn die Angst hat viele wichtige Funktionen. Sie warnt zum Beispiel vor Gefahren oder führt dazu, dass man vorsichtig ist, Situationen bedenkt, prüft, sich gut vorbereitet. Ziel ist es vielmehr, die wichtigen Botschaften der Angst wahrzunehmen, die Warnungen in das Handeln einzubeziehen (»Kann ich schon über die Straße gehen oder kommen zu viele Autos?« »Klettere ich jetzt noch höher in den Baum oder versuche ich erst einmal, alleine wieder herunterzusteigen?«).

Zugleich ist es nötig, die mit Angst verbundenen Empfindungen so weit im Griff zu haben, dass ein Mensch noch handlungsfähig ist. Wenn ein Kind auf dem Baum dermaßen von seiner Angst überwältigt wird, dass es zittert und verkrampft, ist es viel schwieriger, sicher wieder herabzusteigen, oder es muss geholt werden. Ist ein Kind hingegen geübter im Umgang mit Angstgefühlen, stehen ihm die Erfahrung und Strategien zur Bewältigung von Angst zur Verfügung. Dann wird das Kind auf dem Baum zum Beispiel zweimal tief durchatmen, sich ermutigend zureden (»Ich schaff das schon!«) und dann vorsichtig absteigen. Es spürt zwar die Angst, hat aber auch Zugang zu seinen Ressourcen.

6.2 Angststörungen bei Kindern

Nur wenn die Angst zu groß, zu überwältigend und dauerhaft erfahren wird und nicht reguliert werden kann, entwickeln sich Probleme. Von Angststörungen wird erst dann gesprochen, wenn Ängste zu einem erheblichen Leidensdruck führen, die Lebensweise des Kindes stark und anhaltend beeinträchtigen und Probleme in der Entwicklung und im Umfeld nach sich ziehen.

Nach Ute Koglin und Franz Petermann (2013, S. 13f.) nehmen sozial unsichere Kinder weniger Kontakte zu Gleichaltrigen auf, sprechen wenig oder leise und vermeiden häufiger den direkten Blickkontakt. Für sie ist es zum Beispiel beängstigend, alleine in einem Raum zu bleiben oder unbekannte Menschen zu treffen.

Hieraus können als Angststörungen Trennungsangst, soziale Ängste und generalisierte Ängste entstehen. Durch die Angst vor sozialen Situationen und der Bewertung durch andere können soziale Beziehungen stark beeinträchtigt werden, da Kontakte vermieden und weniger Freundschaften geschlossen werden. Auch Schulschwänzen kann in sozialen Ängsten begründet sein. Bei Kindern mit Angststörungen können auch oppositionell-aggressive Verhaltensweisen auftreten, um sich gegen die angstauslösende Situation zur Wehr zu setzen und sie zu vermeiden. Langfristig wird auch ein Zusammenhang mit depressiven Störungen gesehen. »Wenn ein Kind zu lange Angst erlebt hat, gibt es irgendwann auf und wird wahrscheinlich depressiv« (ebd., S. 14).

Angstsymptome bei Kindern

Körperliche Ebene: zum Beispiel Schwitzen, Zittern, Herzklopfen, Bauchschmerzen, Kopfschmerzen, Übelkeit, Muskelanspannung

Kognitive Ebene: zum Beispiel Gedanken wie »Ich werde ausgelacht«, »Die anderen wollen nicht, dass ich dabei bin«, »Ich schaffe das nicht«, »Ich bin nicht gut genug«, »Meiner Mutter passiert etwas Schlimmes«, »Die Biene wird mich stechen«, »Der Hund wird mich beißen«

Verhaltensebene: zum Beispiel Weinen, Anklammern, Weglaufen, Vermeiden, Wegschauen, Schweigen, Zurückziehen, Erstarren, Aggressiv-werden

Einflussfaktoren auf die Herausbildung von ängstlichem Verhalten

Die Auseinandersetzung mit Angstgefühlen ist normal und Teil der kindlichen Entwicklung. Ein problematischer Verlauf wird einerseits von biologischen und psychologischen Faktoren wie einer erhöhten physiologischen Reaktivität und einem gehemmten, schüchternen Temperament begünstigt. Diese personenbezogenen Aspekte stehen aber andererseits in engem Zusammenhang mit den Bedingungen der sozialen Umwelt. Ein Faktor ist dabei der Erziehungsstil der Eltern, der durch Überbehütung und Kontrolle oder besonders viel Aufmerksamkeit in Bezug auf das ängstliche Verhalten des Kindes geprägt sein kann. Besonders wichtig ist das Modellverhalten der Eltern: Wie gehen sie selbst mit Gefühlen um? Leiden sie selbst unter Ängsten? Haben sie Angst, dass ihr Kind die Trennung beim Übergang in die Kita nicht bewältigen wird? Bei starken und dauerhaften Trennungsschwierigkeiten spielt die Zusammenarbeit mit den Eltern eine wichtige Rolle: Welche Sorgen haben die Eltern? Wie kann man sie unterstützen, selbst Sicherheit und Gelassenheit zu entwickeln und ihren Kindern zuzutrauen, die neue Situation zu bewältigen?

Auch traumatische Erlebnisse und gesellschaftliche Risikofaktoren können bei Kindern zur Herausbildung von ängstlichem Verhalten führen. Zum Beispiel die Sorge der Eltern, arbeitslos zu werden, oder die Angst vor Armut und Ausgrenzung werden von Kindern deutlich wahrgenommen und entziehen ihnen Sicherheit.

Emotionale Defizite von Kindern mit ängstlichem, sozial unsicherem Verhalten

Im sozial-emotionalen Bereich weisen Kindern mit ängstlichem, sozial unsicherem Verhalten unter anderem die folgenden Schwierigkeiten auf (Koglin/Petermann 2013; Petermann/Wiedebusch 2016):

- Ängstliche Kinder verfügen über einen geringeren emotionalen Gefühlsausdruck, zum Beispiel durch ein eingeschränktes Repertoire mimischer Ausdrucksmöglichkeiten und eine reduzierte Aktivität der Gesichtsmuskulatur. Ihre Fähigkeit, Emotionen hinsichtlich Ausdruck und Ursachen bei anderen zu deuten, ist geringer.
- Zugleich haben sie eine selektive Aufmerksamkeit für bedrohliche Informationen; das heißt, sie wenden sich verstärkt den eher bedrohlich erscheinenden Aspekten einer Situation zu und beachten positive Aspekte weniger. Dies wiederum kann den Zugang zu Ressourcen erschweren.
- Die Emotionsregulation ängstlicher Kinder ist unzureichend. Sie können schlechter Sorgen, Ängste und Ärger regulieren. Diese Gefühle werden intensiv und durch die mangelnde Regulationsfähigkeit als übermächtig erlebt. Daher ist die Tendenz nachvollziehbar, sich aus Situationen mit hoher emotionaler Erregung zurückzuziehen und diese zu vermeiden. Das kann wiederum dazu führen, durch vermiedene Lerngelegenheiten weniger Kompetenz zu entwickeln.
- Auch das Emotionsverständnis insgesamt ist weniger gut ausgebildet.

Ängstliche Kinder können unterstützt werden, indem grundlegende Aspekte der emotionalen Kompetenz eingeübt werden. Ebenfalls bedeutsam ist die Wahrnehmung von positiven Aspekten in Situationen.

Ebenso ist es wichtig, Gelegenheiten zu schaffen, in denen Kinder die Erfahrung von Sicherheit und Dazugehören machen können. Die Erfahrung einer Sicherheit und Geborgenheit vermittelnden Beziehung ist für ängstliche Kinder von besonderer Bedeutung. Wie bei den anderen Aspekten des sozial-emotionalen Spektrums hat in diesem Zusammenhang das Verhalten der pädagogischen Fachkraft einen großen Einfluss. Die

Reflexion des eigenen Umgangs mit Angst und Sicherheit kann bei der Gestaltung einer unterstützenden Beziehung helfen.

Fragen zur Reflexion

- Was macht mir Angst (beruflich/privat)?
- Wie gehe ich mit Angst in verschiedenen Situationen um?
- In welchen Situationen würde ich gerne anders mit meiner Angst umgehen?
- Welche Möglichkeiten würde ich mir wünschen?
- Was gibt mir Sicherheit und Geborgenheit?
- Wie geht es mir, wenn ein Kind Angst hat?
- Wie versuche ich, dem Kind Sicherheit zu vermitteln?

Mut als bedeutsamer Ansatzpunkt

Für die Bewältigung von Angst ist es hilfreich, Mut-Erfahrungen zu ermöglichen. Mut ist das Gefühl, das man braucht, um Angst zu überwinden. Ein Mut-Gefühl schließt immer auch ein, dass man das Gefühl der Angst kennt, denn sonst wäre es kein Mut, sondern die Nicht-Wahrnehmung oder Unkenntnis einer Gefahrensituation. Wenn man sich mit Mut beschäftigt, konzentriert man sich auf das, was man erreichen möchte – auf das Ziel, auf den Weg nach vorn und nicht auf die Angst. Die Angst muss dabei nicht verschwinden, sondern nur in ihre Schranken verwiesen werden. Mut ist das positive, nach vorn ausgerichtete aktive Gefühl. Gegen die Angst zu kämpfen, kann zu einer Fokussierung auf dieses Gefühl führen. Doch eine Angst anzuerkennen, auszuhalten und sich dann auf das Ziel und die eigene Kraft zu konzentrieren ist das, worum es geht.

Das Ziel besteht darin, Ängste zu überwinden und Herausforderungen zu begegnen, nicht sie zu vermeiden. Wenn Kinder diese Erfahrung machen, stärkt das ihr Selbstvertrauen und hilft ihnen, sich den nächsten Herausforderungen des Lebens zu stellen.

Praxis-Anregungen zur Förderung

Kleines Mut-Buch

Angeregt durch ein Gespräch oder eine Fantasiereise zum Thema Mut malt das Kind ein Bild von einer Situation, in der es einmal Mut empfunden hat. Mut ist ein komplexes Gefühl, denn mutig ist nur der, der Angst erfahren hat und diese überwinden konnte. Die

Übung ist daher für etwas ältere Kinder gedacht, je nach emotionalem Entwicklungsstand ab circa fünf Jahren.

Klassische Mut-Episoden sind zum Beispiel das erste Mal Fahrrad fahren, vom Ein-Meter-Brett springen, von der hohen Rutsche rutschen. Das Kind erzählt der Erzieherin die Mut-Geschichte zum Bild, die diese aufschreibt. Das Bild, die Geschichte und ein Foto des Kindes werden nun zu einem kleinen Mut-Buch zusammengeheftet.

Übungseffekt: Eigene emotionale Ressourcen bewusst machen und verstärken, Verbalisierung von Gefühlen – Sprachentwicklung beim Geschichtenerzählen, Emotionswissen.

Fantasiereise: Kraft und Sicherheit von einem Baum mitnehmen

Die Übung verläuft in drei Schritten. Zunächst wird eine Geschichte über Indianer erzählt, dann in der Fantasie eine kleine Reise zu einem Baum – mit den gewünschten Qualitäten von Kraft und Sicherheit – unternommen, und schließlich können die Kinder die Erfahrung vertiefen, indem sie sich an einen echten Baum anlehnen und dort die Kraft und Sicherheit nochmals in sich spüren.

Ziel ist es, dass die Kinder eine Ressource, eine Quelle der Unterstützung zur Verfügung haben, die unabhängig von anderen ist und die sie immer wieder selbstständig aktivieren können.

Einleitung der Fantasiereise

Die pädagogische Fachkraft erzählt den Kindern eine Geschichte mit folgendem Inhalt: Die Indianer fühlten sich wohl in der Natur und hatten einen besonderen »Trick«, um sich Kraft und Sicherheit zu holen. Sie lehnten sich an einen Baum an, den sie auch »Großvater Baum« nannten, und spürten dessen Kraft und Beständigkeit im Rücken. Diese Kraft und Sicherheit spürten die Indianer ganz in sich und konnten diese Gefühle so mit sich nehmen.

Elemente der Fantasiereise

Die Reise kann kurz gestaltet oder länger ausgeschmückt werden – je nachdem, wie alt die Kinder sind und wie gut sie mitgehen. Grundlegende Elemente sind:

- Einen Baum bei sich zuhause, im Kita-Garten oder einen Fantasiebaum in Gedanken aussuchen.
- In der Vorstellung zu diesem Baum gehen und sich an ihn anlehnen, dabei im Rücken die Kraft und Lebendigkeit spüren, die Größe und Beständigkeit, die Ruhe und Sicherheit, die von ihm ausgeht.
- Diese Kraft und Sicherheit ganz in sich aufnehmen, im Rücken und in den Beinen spüren, wie der Baum selbst Wurzeln hat, die Sicherheit geben und durch die weitere Kraft nachströmt.

- Die Baumkrone über sich wahrnehmen, die mit ihrem Dach Schutz gibt und über einen wacht, einen in ein angenehmes Licht einhüllt, das durch die Blätter schimmert.
- Die Kraft und Sicherheit im Körper mitnehmen und zurück in den Raum mitbringen.

Erfahrung mit einem realen Baum

Nachdem die Kinder sich wieder im Raum orientiert haben, stehen sie auf, ziehen sich Jacke und Schuhe an und besuchen im Garten einen »wirklichen« Baum. Sie schauen ihn zuerst an, lehnen sich dann an ihn, um die Erfahrung zu vertiefen.

Angst normalisieren – gemeinsam ins Gespräch kommen

Angst ist etwas Normales, und jeder hat manchmal vor etwas Angst. Diese Botschaft kann für viele Kinder und oft auch für die Eltern eine große Erleichterung sein. Um über Angst ins Gespräch zu kommen, sind Bücher und Geschichten gute Ausgangspunkte. Folgende Fragen können ein Gespräch leiten:

- Wovor hast du Angst?
- Was hilft dir, dass die Angst weniger wird?
- Wovor haben andere Angst, du aber nicht?
- Wovor hattest du früher Angst und heute nicht mehr?
- Was hat dir geholfen, die Angst zu überwinden?

Lesetipps

Brownjohn, E. (2007): **Zittern, Bibbern, Schüchtern sein – Angst kennt jeder, Groß und Klein.** Stuttgart: Gabriel

In diesem Bilderbuch, das viele Klapp- und Ziehelemente hat, wird mit einfachen Bildern und Sätzen verdeutlicht, dass manche Kinder Angst vor Spinnen haben, wieder andere haben Angst vor Mäusen oder Hunden oder aber vor Dunkelheit und Gewitter. Manche haben Angst vor anderen Kindern oder Angst davor, ausgeschimpft zu werden, andere haben Angst vor neuen, unbekannten Dingen. Die Schlussbotschaft des Buchs lautet: »Jeder hat vor irgendetwas Angst. Vor etwas Angst zu haben ist ganz normal.«

An diese Botschaft schließen sich verschiedene Tipps und Infos für Kinder an – darüber, wofür Angst nützlich ist und was sie tun können, um mit Ängsten umzugehen und sie zu überwinden.

Pauli, L.; Schärer, K. (2016): **Mutig, mutig!** Weinheim: Beltz
Vier Tiere (Schnecke, Spatz, Maus und Frosch) stehen in einem Wettkampf: Wer ist der Mutigste von allen? Die Schnecke, die Maus und der Frosch bestehen verschiedene Mutproben. Als der Spatz schließlich an der Reihe ist, überlegt er und verkündet dann, dass er keine Mutprobe machen wird. Im ersten Moment sind die Tiere sprachlos (ein wunderbar gemaltes Bild!). Dann erkennen die anderen Tiere die Ablehnung der Mutprobe als die mutigste Tat von allen an und feiern den Spatz.

Was ist Mut? Diese Frage müssen Kinder für sich klären. Mutproben sind immer wieder ein Thema. Daher ist eine Auseinandersetzung darüber, was unter Mut zu verstehen ist, sinnvoll.

7.
Aggressives Verhalten – eine Aufforderung an die Lebensumwelt

In diesem Kapitel erfahren Sie

- in welchen unterschiedlichen Bedeutungen der Begriff »Aggression« verwendet wird
- welche verschiedenen Erklärungsansätze für aggressives Verhalten es aus psychologischer und soziologischer Perspektive gibt
- welche Ansatzpunkte sich daraus für den pädagogischen Kontext ableiten lassen
- in welchen Bereichen der emotionalen und sozialen Fähigkeiten Kinder, die ein erhöhtes aggressives Verhalten zeigen, Defizite haben

Aggressives Verhalten ist nach außen gewendet, expressiv und fordert die Umwelt auf, sich damit zu befassen. Die Entstehungszusammenhänge sind komplex, und aggressives Verhalten stellt häufig eine besondere Herausforderung für Eltern und pädagogische Fachkräfte dar.

Trotziges und körperlich expressives Verhalten wie Stoßen oder Schubsen tritt vom zweiten bis vierten Lebensjahr vermehrt auf und nimmt bei vielen Kindern danach wieder ab. Die meisten Kinder haben ab diesem Alter dann zunehmend andere Möglichkeiten entwickelt, ihre Bedürfnisse zu äußern und Interessen durchzusetzen. Von Kindern mit erhöhtem aggressivem Verhalten zu sprechen ist daher erst sinnvoll, wenn sich das Verhalten nach dieser Phase verfestigt.

Schwierige Balance

Hans steht am Rand einer Gruppe Kinder, die auf einem Brett balancieren. Gerade ist Antony an der Reihe und versucht, die Balance auf dem sehr schmalen Brett zu halten. Plötzlich verliert er das Gleichgewicht und fällt herunter. Dabei stößt er Hans heftig an, entschuldigt sich jedoch sogleich. Hans nimmt die Entschuldigung gar nicht wahr und schubst sofort rüde zurück, sodass Antony hinfällt und mit den Knien schmerzhaft aufschlägt. Nach einem kurzen Moment rappelt er sich wieder auf und schreit Hans ärgerlich an: »He, spinnst du?« Auch die anderen Kinder sind empört über das Verhalten von Hans und äußern das lautstark.

Hans registriert nicht, dass der Schubs gegen ihn ohne Absicht geschehen ist. Auch die Entschuldigung als ihm zugewandtes, deeskalierendes Verhalten nimmt er nicht auf. Hans berücksichtigt nicht den gesamten sozialen Kontext, in dem sich die Episode ereignet, sondern reagiert sofort aggressiv auf eine scheinbar feindselige Attacke und fügt Antony durch seine heftige Reaktion Schmerzen zu. In der Folge reagieren sowohl Antony als auch die anderen Kinder mit offensichtlichem Ärger, und Hans macht – wieder einmal – die Erfahrung, dass andere ärgerlich auf ihn sind und er ausgeschlossen wird. Hier zeigt sich eine problematische soziale Informationswahrnehmung und -verarbeitung, die bei Kindern mit aggressivem Verhalten gehäuft zu beobachten ist: Sie weisen Defizite in der Wahrnehmung von sozialen Situationen, von Absichten und emotionalen Befindlichkeiten anderer Menschen auf. Darüber hinaus neigen diese Kinder zu Verzerrungen, indem sie einen neutralen Gesichtsausdruck oder, wie hier den Stoß von Antony, der nur die Balance verloren hat, als feindselig interpretieren. Bereits vorhandene Erfahrungen von Ausgrenzung und Feindseligkeit werden durch die Wahrnehmung und Interpretation bestätigt, und der Teufelskreis setzt sich weiter fort. Genau an diesem Punkt kann eine Förderung sinnvoll ansetzten (vgl. dazu auch Kapitel 8).

Aus einer allgemeineren Perspektive betrachtet, wirft das Beispiel weitere Fragen auf: Reagiert Hans aggressiv oder ist Hans aggressiv? Was geschieht mit ihm und in seiner Umwelt, wenn man ihm das Etikett »ist aggressiv« anheftet? Welche Erfahrungen hat Hans gemacht, dass er die Situation so wahrnimmt? Welche anderen Erfahrungen würden ihm neue Möglichkeiten eröffnen?

7.1 Die Bedeutung des Begriffs »Aggression«

Aggression in der Alltagssprache

Der im ersten Moment so eindeutig erscheinende Begriff »Aggression« ist in der Alltagssprache mit sehr unterschiedlichen Vorstellungen verbunden und beinhaltet deswegen verschiedene Bedeutungen:

Unterschiedliche Bedeutungen des Begriffs »Aggression«	
Bedeutung	**Beispiel**
Aggression als absichtliche Schädigung	Ein Kind boxt ein anderes gezielt mitten auf die Nase.
Aggressives Verhalten als normaler Gefühlsausdruck	Jeder von uns hat einmal eine Wut und brüllt dann herum, stampft mit dem Fuß auf oder schmeißt vor Erregung einen Gegenstand.
Aggression als Wachstums- und Durchsetzungsimpuls	Aktives, offensives, energievolles Verhalten, das stark auf Durchsetzung gerichtet ist, um bestimmte Ziele zu verfolgen und Prozesse in Gang zu bringen, meint eine nach außen gerichtete Kraft, die in dieser Bedeutung positiv bewertet wird.

Mit dem Begriff »Aggression« wird eher ein Verhalten beschrieben, während sich das Wort »Aggressivität« mehr auf einen Gefühlszustand oder eine Eigenschaft eines Menschen bezieht.

Aggression als wissenschaftlicher Begriff

In der wissenschaftlichen Definition, zum Beispiel in der Psychologie, wird Aggression verstanden als ein im Kern auf Schädigung gerichtetes Verhalten. Das beinhaltet ebenfalls noch ein großes Spektrum an Verhaltensmöglichkeiten. Im Unterschied zum Alltagsverständnis bleiben aber von dieser Definition Verhaltensweisen ausgeschlossen, die aktiv, dynamisch, durchsetzungsstark etc. sind, ohne auf Schädigung oder Verletzung zu zielen.

Der Begriff Aggressivität bezeichnet eine aggressive Haltung, eine Neigung zur Schädigung; der Begriff Aggression dagegen das Ausleben der Neigung, die Umsetzung in Handlung (vgl. Hurrelmann/Bründel 2007; Nolting 2005).

Der Psychologe Hans-Peter Nolting (2005, S. 10ff.) unterscheidet aggressive Verhaltensweisen und aggressive Emotionen. Die Unterscheidung ist wichtig für die Erklärung von aggressivem Verhalten und bietet Ansatzpunkte für dessen Verminderung. Denn aggressives Verhalten kann, muss aber nicht mit aggressiven Gefühlen verbunden sein.

Aggressive Verhaltensweisen

Bestimmte sichtbare Verhaltensweisen sind nicht per se aggressiv, sondern entscheidend ist die schädigende Intention dahinter. Ein Kind kann ein anderes mit Wucht von der Straße schubsen, weil plötzlich ein Auto um die Ecke gebraust kommt, oder es kann sich in derselben heftigen Weise im Streit verhalten. Das Verhalten im ersten Fall würde man nicht als aggressiv bezeichnen, das im zweiten Fall dagegen schon.

Aggressives Verhalten kann auf körperlicher, verbaler, nonverbaler und relationaler Ebene zum Ausdruck kommen.

Körperlich: zum Beispiel schlagen, boxen, kneifen, kratzen, ein Bein stellen, würgen, Sachen zerstören

Verbal: in Wortschatz und Tonfall aggressiv – anschreien, beschimpfen, bedrohen; inhaltlich aggressiv – lächerlich machen, verspotten, drohen

Nonverbal: böse oder abfällige Blicke, beleidigende oder bedrohliche Gesten

Relational: jemanden ausgrenzen, nicht mitspielen lassen, verleumden, gegen jemanden hetzen

Die ersten drei Aggressionsformen finden überwiegend in unmittelbarer Interaktion mit der angegriffenen Person statt und werden daher als direkte Aggression bezeichnet. Im Kontrast dazu handelt es sich bei relationalen Aggressionen – gezielter Beeinträchtigung sozialer Beziehungen – häufig um eine indirekte Aggression, für die kein unmittelbarer Kontakt nötig ist und oft »hintenherum« abläuft. In einer Gruppe über ein Kind, das gerade nicht da ist, schlecht zu reden, ist eine bekannte Form der indirekten Aggression. Ein weiteres Beispiel dafür ist das Mobbing mittels Texten oder Bildern via Internet bei etwas älteren Kindern.

Aggressive Emotionen

Nolting unterscheidet voraggressive, wenig personenbezogene Gefühle wie schlechte Laune, gereizte Stimmung, Stress, Frust und Unmut von aggressiven Gefühlen, die auf Personen gerichtet sind. Dazu zählen zum Beispiel Wut, Ärger, Zorn, Groll, Vergeltungsbedürfnis, Schadenfreude, Verachtung, Hass oder Feindseligkeit.

Diese Gefühle können in aggressives Verhalten münden (ein Kind ist zornig, weil ein anderes Kind von seinen Bausteinen genommen hat und schlägt zu), müssen es aber nicht (das Kind ist zornig und erklärt dem anderen in erhitztem Zustand, dass es wütend ist und den Baustein sofort! wiederhaben möchte). Dabei ist der Umgang mit dem Gefühl – die Handlungsstrategie – deutlich verschieden. Im ersten Fall reagiert das Kind im Zorn tätlich, im zweiten Fall ist es zornig, kann seine Gefühle aber regulieren und einen verbalen Lösungsversuch starten, handelt also nicht aggressiv.

Ein Kind kann auch aggressiv handeln, ohne besonders wütend zu sein, weil es gelernt hat, dass aggressives Handeln gut funktioniert, um Ziele zu erreichen: Es möchte zum Beispiel Roller fahren und versetzt einem anderen Kind einen kräftigen Schubs, reißt den Roller an sich und fährt schnell damit weg. Im Fall des »Schlagens nach dem

Bausteinklau« spricht man auch von Ärger-Aggression, beim »Schubsen, um den Roller zu erhalten« von instrumenteller Aggression, das heißt, aggressives Verhalten wird wie ein Instrument eingesetzt, um ein Ziel zu erreichen.

Darüber hinaus gibt es noch zwei weitere Aggressionsformen: die **kollektive Aggression,** wenn bestimmtes aggressives Verhalten nur in der Gruppe auftritt, sowie die **Autoaggression,** bei der sich die Aggression gegen die eigene Person richtet.

7.2 Erklärungen für aggressives Verhalten aus psychologischer und soziologischer Perspektive

Auf die Frage »Warum verhalten sich Menschen aggressiv?« gibt es Antworten aus psychologischer und soziologischer Perspektive. Einige Erklärungsansätze stellen mehr die personenbezogenen Aspekte in den Vordergrund, andere beleuchten vordringlich die Beziehungen und die Umwelt, also soziale, gesellschaftliche und kulturelle Aspekte.

Psychologische Erklärungsansätze

Grundlegende psychologische Erklärungsansätze sind Theorien zu angeborenem Trieb- oder Instinktverhalten, Theorien zur Reaktion auf Emotionen/Frustrationen und Theorien zu Lernvorgängen.

Trieb- und Instinkttheorien

Dieser Ansatz geht davon aus, dass dem Menschen ein gewisses Maß an aggressivem Potenzial angeboren ist, das nach außen umgesetzt wird, um nicht selbstschädigend zu wirken (Dampfkesselprinzip). Aggressive Impulse werden ständig erzeugt, was zum Beispiel der Verteidigung oder dem Beutetrieb dient und daher wichtig zur Selbsterhaltung ist. Unter heutigen gesellschaftlichen Bedingungen müssen andere Ventile für die aggressiven Impulse gefunden werden.

Dieser von Sigmund Freud vertretene klassische Ansatz, Aggression sei ein angeborener Trieb, konnte bis heute nicht nachgewiesen werden und ist wissenschaftlich höchst umstritten. Der Neurobiologe, Arzt und Psychotherapeut Joachim Bauer weist diesen Ansatz vehement zurück; er sieht Aggression nicht als einen dem Menschen innewohnenden Trieb, sondern als Reaktion auf physischen oder seelischen Schmerz (Bauer 2013, S. 13ff.).

Besonders schwierig an der Triebtheorie sind die Erwartung von Aggression und eine damit verbundene selbsterfüllende Prophezeiung. Produktiv an diesem Ansatz kann allerdings die Sicht auf aggressive Impulse als etwas Normales sein. »Problematisch ist nach dieser Theorie nicht die Existenz von Aggressivität, sondern der Umgang damit. Die Triebtheorie macht darauf aufmerksam, wie gering heute die Spielräume für das Ausüben der ›spielerisch aggressiven‹ Verhaltensformen sind« (Hurrelmann/Bründel 2007, S. 35).

Für die Praxis ergibt sich daraus die Frage nach Räumen für heftiges, starkes, körperliches Agieren. Wo können Kinder heute noch wild spielen, sich körperlich austoben, ihre Kräfte kennenlernen sowie deren Grenzen bis zur Erschöpfung spüren? Wo können sie sich miteinander messen und aneinander reiben?

Einige pädagogische Fachkräfte haben als Antwort auf diese Fragen zum Beispiel Angebote zu Ringkämpfen und ähnlichem mit klaren Regeln eingeführt, die bei den Kindern sehr beliebt sind. Über das Thema »Wo haben wilde Gefühle ihren Platz?« sollte dringend weiter nachgedacht werden. Allerdings scheint hier der Begriff Aggression nicht wirklich passend.

Darüber hinaus werden als weitere biologische Einflussfaktoren Temperament und eine (hirnphysiologisch begründete) Reizverarbeitung genannt. Hierbei ist »angeboren« jedoch nicht mit »genetisch« zu verwechseln, da bei der (hirn-)physiologischen Ausstattung, mit der ein Kind zur Welt kommt, die Lebensbedingungen der Mutter während der Schwangerschaft eine große Rolle spielen. Die Qualität der Ernährung, Drogenkonsum oder permanenter Stress haben einen erheblichen Einfluss auf die kindliche Entwicklung vor der Geburt. Auch eine Vernachlässigung besonders in den ersten Monaten des Lebens führt zu Konsequenzen in der (hirn-)physiologischen Entwicklung. Auf biologischer Ebene können so Voraussetzungen für spätere Verhaltensprobleme entstehen, die – genauer betrachtet – aus der sozialen Umwelt herrühren. Dem wird seit einiger Zeit auch sozialpolitisch und sozialpädagogisch begegnet, zum Beispiel mit Initiativen zu frühen Hilfen oder durch den Einsatz von Familienhebammen, die Mütter vor und nach der Geburt für eine längere Zeit auch sozial begleiten (Kißgen/Heinen 2010; Petermann/Wiedebusch 2016).

Emotions- und Frustrationstheorien

Kerngedanke bei diesen Theorien ist, dass aus negativen Emotionen heraus aggressiv gehandelt wird. Grund für die negativen Emotionen sind Frustrationen oder Provokationen; das heißt, negative, frustrierende Erfahrungen führen dazu, dass Menschen aggressiv reagieren. Gefühle der Frustration entstehen, wenn Menschen bei dem, was sie tun wollen, permanent auf Hindernisse stoßen. Das Erreichen eines Zieles wird verhindert und das Bedürfnis nach Entfaltung und Anerkennung eingeschränkt, was Enttäuschung und Aggressionen nach sich ziehen kann.

Ein weiterer Auslöser sind Provokationen – zum Beispiel körperlicher Art wie Rempeln oder Schubsen oder verbale Provokationen wie Beleidigungen oder abfällige Kritik, die besonders das Selbstwertgefühl angreifen. Hier setzt auch der Neurowissenschaftler Joachim Bauer an, der die These vertritt, dass Aggression eine Reaktion auf körperlichen Schmerz und auf Erfahrungen der Ausgrenzung und Demütigung ist. Er untermauert diese Sicht durch Ergebnisse von hirnphysiologischen Beobachtungen, die zeigen, dass Erfahrungen von Demütigung und Ausgrenzung an den gleichen Stellen im Gehirn verarbeitet werden wie körperliche Schmerzerfahrungen. Bauer weist über die Bedeutung von Ausgrenzung für das individuelle Schicksal hinaus darauf hin, dass Ausgrenzung durch soziale Ungleichheit auch Auswirkungen in einer Gesellschaft und darüber hinaus in globalen Zusammenhängen haben kann (Bauer 2013).

Aufmerksamkeit, Anerkennung und Entfaltung spielen eine bedeutende Rolle in der kindlichen Entwicklung. Gibt es für diese Aspekte keinen Raum, scheitern Kinder häufig bei der Erreichung ihrer Ziele. Werden sie oft gedemütigt oder provoziert, kann dies Frustrationen und aggressives Verhalten nach sich ziehen. Die Emotions-/Frustrationstheorien lenken den Blick auf die Auslöser von negativen Emotionen und auf Bedürfnisse nach Entfaltung und Anerkennung.

Wie kann der pädagogische Raum so gestaltet werden, dass die Erfahrung von Erfolg, Anerkennung und Entfaltung möglich ist? Wie kann die Entwicklung dieser Ressourcen bei den Kindern unterstützt werden? Auch für die Entwicklung von Frustrationstoleranz ist es wichtig, dass Kinder ausreichend positive Erfahrungen machen können. Wer dreimal eine gute Erfahrung gemacht hat, steckt einen »Frust« eher weg und kann sich mit den drei guten Erfahrungen trösten.

Darüber hinaus stärkt ein wertschätzendes Klima das Selbstwertgefühl und trägt eher zu friedlichen Verhaltensweisen bei, während ein abwertendes und negativ bewertendes Umfeld nicht gerade die »Schokoladenseiten« im Menschen befördert.

Lerntheorien

Dieser Ansatz geht davon aus, dass aggressives Verhalten erlernt ist. Kinder lernen durch Beobachtung von vorgelebten Verhaltensweisen der Eltern und anderer Bezugspersonen im Umfeld. An diesen Vorbildern orientiert sich das Verhalten der Kinder, man spricht hier auch vom Lernen am Modell. Darüber hinaus lernen Kinder, welches Verhalten welchen Effekt hat. Bemerken sie zum Beispiel, dass aggressives Verhalten in Bezug auf Durchsetzung, Beachtung, Anerkennung, Schutz oder Verteidigung erfolgreich ist, werden sie diese Strategie für diese Zwecke häufiger einsetzen. Das nennt man dann Lernen am Effekt/Erfolg. Besonders wirkungsvoll ist es, wenn beide Lernaspekte zusammentreffen: Ein Modell wird vor allem dann nachgeahmt, wenn es erfolgreich ist (Nolting 2005, S. 87).

Auch der Erwerb eines bestimmten Wissens einer Gesellschaft oder einer Gruppe kann den Umgang mit Aggression beeinflussen – zum Beispiel, wenn Treue bedeutet, dass man bis zum Letzten kämpft oder Ehre mit allen Mitteln verteidigt werden muss. Bei diesem Aspekt wird der Einfluss von kulturellen bzw. subkulturellen Vorstellungen deutlich.

Verdichtete Wissensstrukturen, in denen Wissen über eine Situation und darauf bezogene Handlungsabläufe verknüpft sind, werden auch als Skript bezeichnet. Hier ein Beispiel für ein solches erlerntes Skript: Wenn ein anderes Kind nicht macht, was du willst, dann drohe mit Gewalt, und dann wird das Kind nachgeben (ebd., S. 103).

Der lerntheoretische Ansatz weist darauf hin, wie wichtig die Zusammenarbeit mit und die Unterstützung der Eltern ist, um aggressivem Verhalten der Kinder vorzubeugen. Im familiären Umfeld werden die Grundlagen im Umgang mit Emotionen, mit Ärger und Konflikten erlernt. Ebenfalls lädt die lerntheoretische Sicht eine pädagogische Fachkraft dazu ein, darüber nachzudenken, in welcher Weise sie selbst Modell ist im Umgang mit Gefühlen, mit Ärger und Konflikten. Wie möchte sie zukünftig sein, um diesem »Vorbildcharakter« über längere Zeit gerecht zu werden? Das Prinzip »Lernen am Erfolg« weist darauf hin, wie wichtig es ist zu reflektieren, wie Aktionen von Kindern von den Erwachsenen beantwortet werden und welche Aspekte des kindlichen Verhaltens Aufmerksamkeit und Anerkennung erfahren.

Soziologische Erklärungsansätze

Aus soziologischer Perspektive kommt verstärkt die soziale Umwelt in den Blick, die bereits in den Lerntheorien in ihrer Bedeutsamkeit sichtbar geworden ist. Es stellt sich die Frage, welche Faktoren aus Gesellschaft und sozialer Umwelt eines Menschen Einfluss auf die Entstehung oder Verminderung von aggressivem Verhalten haben. Hier können Konflikt- und Spannungstheorien wie die Anomie-Theorie, Etikettierungstheorien und solche, die sich mit sozialer Kontrolle befassen, zu einem besseren Verständnis der Entstehung oder Verminderung von Aggression beitragen (vgl. Hurrelmann/Bründel 2007, S. 42ff.).

Konflikt- und Spannungstheorien

In diesem Erklärungsansatz werden Konflikte und Spannungen in der Gesellschaft als Hintergrund aggressiven Verhaltens angesehen. Die Anomie-Theorie von Robert K. Merton besagt, dass Aggression und Gewalt entstehen, wenn für Menschen durch die aktuell gegebenen Lebensumstände keine Chance auf soziale Anerkennung, Erfolg und Integration besteht (Hurrelmann/Bründel 2007; Fuchs-Heinritz u.a. 1995).

Anomie bezeichnet einen Zustand der Normlosigkeit und Regellosigkeit, der dadurch entsteht, dass die vorgegebenen Werte und Ziele sowie die persönlichen Mittel und sozial erlaubten Möglichkeiten, diese Werte und Ziele zu erreichen, zu weit auseinanderklaffen.

Starke Spannungen können auch aus der Situation entstehen, die viele Menschen in armen Familien erleben. Während Anerkennung und Erfolg in unserer Gesellschaft vielfach mit materiellen Gütern und Statussymbolen verbunden sind – in hohem Maße über die Medien auch täglich an Kinder und Jugendliche herangetragen –, können sich arme Familien nur das Grundlegendste und Billigste leisten. Kinder erfahren Abwertung und Ausgrenzung, weil sie nicht das neuste Spielzeug besitzen, die »falschen Klamotten« anhaben, bei der Klassenreise nicht mitfahren dürfen … An den schwierigen strukturellen Bedingungen der Armut scheitern viele Versuche und Wünsche der Teilhabe, Anerkennung, und Integration bleiben versagt. Sind Schutzfaktoren wie gute Eltern-Kind-Beziehungen und Freundeskreis vorhanden, kann die strukturelle Problematik kompensiert werden. Kommen jedoch weitere Risikofaktoren dazu, kann entweder Rückzug oder Aggression die Folge von fehlenden Alternativen und Chancen in einer Gesellschaft sein.

Die permanente Spannung aus gesellschaftlichen Erwartungen und den zur Verfügung stehenden eigenen Möglichkeiten nehmen auch Kinder im Elementarbereich bereits wahr. Wichtig wäre es hier, bewusst Bereiche zu schaffen, in denen andere als materielle (Besitz-)Normen gelten – Bereiche, in denen Kinder aus armen Familien mit den ihnen zur Verfügung stehenden Möglichkeiten Anerkennung und Erfolge erfahren und ein gutes Selbstwertgefühl entwickeln können.

Es ist möglich, neben die Auswirkungen der gesellschaftlichen Dynamik einen Erfahrungsraum zu stellen, in dem andere Werte wichtig sind und die Kinder Erfahrungen von »wertvoll sein«, »erfolgreich sein« und »dazugehören« machen.

Etikettierungstheorien

Der Etikettierungs- oder auch Definitionsansatz stellt die Frage danach, was als abweichendes, also nicht der Norm entsprechendes Verhalten gilt und wer das definiert. Damit rücken gesellschaftliche Normen und Machtverhältnisse in den Blick. Aggressives Verhalten entspricht nicht dem gesellschaftlich erwünschten Verhalten und ist damit – ab einem bestimmten Grad und einer bestimmten Dauer – eine Abweichung von der Norm. In unserer heutigen Gesellschaft wird erwartet, dass Kinder im Verlauf ihrer Sozialisation lernen, Konflikte mit sprachlichen Mitteln auszutragen und grundlegende demokratische Verhaltensweisen zu beherrschen.

Diese Definitionsprozesse gehen in der konkreten sozialen Situation weiter: Die Normen werden in der Interaktion mit anderen angewendet, und hier gibt es wiederum einen Deutungsspielraum.

Das Beispiel von Leonard und Kevin

Hintergrund von Leonard: Leonard ist ein relativ beliebtes Kind in der Gruppe, aber er reagiert durchaus auch manchmal heftig und wenig einfühlsam. Er entstammt einer Familie aus der gehobenen Mittelschicht. Bei Problemen stehen die Eltern auf der Matte und versuchen die Situation zu klären, stellen aber auch Forderungen an Personal und Einrichtung.
Situation: Bei einem wilden Jagdspiel rennt Leonard durch eine Gruppe von Mädchen hindurch, ohne besondere Rücksicht zu nehmen, und rempelt einige dabei heftig an.
Bemerkung einer Erzieherin zu ihrer Kollegin: »Der Leonard ist heute aber wild.«

Hintergrund von Kevin: Kevin hat weniger Möglichkeiten, in der Kindergartengruppe positive Kontakte zu den anderen Kindern herzustellen. Er lebt in einer Ein-Eltern-Familie, seine Mutter arbeitet als Produktionshelferin, um ihn und seinen kleinen Bruder zu versorgen. Sie kommt nur manchmal selbst, um Kevin abzuholen, und ist dann meist unter Zeitdruck.
Situation: Bei einem wilden Jagdspiel rennt Kevin durch eine Gruppe Mädchen hindurch, ohne besondere Rücksicht zu nehmen, und rempelt einige dabei heftig an.
Bemerkung einer Erzieherin zu ihrer Kollegin: »Ach, der Kevin wieder.«

Die unterschiedliche Reaktion der pädagogischen Fachkräfte zeigt, dass nicht nur das tatsächliche Verhalten gesehen und bewertet wird, sondern auch andere Informationen einfließen, die mit Sozialstatus und Macht zu tun haben. Während bei Leonard das gleiche Verhalten situativ und normalisierend bewertet wird, wird Kevin etikettiert. Er bekommt mit der Aussage »Ach, der Kevin wieder« das Etikett angeheftet, dass er immer so rüde und rücksichtslos ist, eben typisch Kevin. Ihm wird dadurch abweichendes Verhalten als Eigenschaft zugeschrieben.

Wiederholt sich eine solche Zuschreibung, so entsteht ein Kreislauf, in dem sich Kevin zunehmend mit dem Etikett identifiziert und sich schließlich mehr und mehr so verhält, weil das genau das ist, was die Umwelt von ihm erwartet und vordringlich bei ihm sieht. Er formt sein Selbstbild nach dem Bild, das andere ihm zurückspiegeln. Die Umwelt ist also mitbeteiligt an der Produktion des abweichenden Verhaltens durch die Etikettierungsprozesse.

Das Beispiel weist darauf hin, wie schwierig es für Kinder ist, sich gegen solche Zuschreibungen zu wehren und aus diesen Kreisläufen wieder herauszukommen. Zugleich stellt sich die Frage, was man als pädagogische Fachkraft beitragen kann, um Etikettierungsprozesse zu vermeiden. Wesentlich ist hier eine bewusste Auseinandersetzung und kritische Reflexion eigener Wahrnehmungs- und Handlungsmuster:

- Was nehme ich besonders bei welchen Kindern wahr?
- Inwieweit fließen Vorurteile und gesellschaftliche Stereotypen ein?
- Was kann ich tun, um den Kindern einen vertrauensvollen, wertschätzenden Raum anzubieten, in dem sie ein positives Selbstbild entwickeln können?

Es ist nicht immer leicht und erfordert hohe Aufmerksamkeit, mit Rollen- und Eigenschaftszuschreibungen bewusst umzugehen und über den eigenen Einfluss auf Kinder durch Äußerungen und Bewertungen nachzudenken. Langjährige sozialpädagogische Praxis zeigt jedoch, dass ein ressourcenorientierter, wertschätzender Umgang sehr lohnenswert sein kann. Die pädagogischen Fachkräfte machen wiederholt die Erfahrung, dass Kinder, bei denen in der Gruppenarbeit trotz Jugendamtsakte und Negativzuschreibungen eher »nicht-verhaltensauffällige« positive Aspekte hervorgehoben werden, nur gelegentlich das »auffällige« Verhalten zeigen und zunehmend andere kompetente Verhaltensweisen entwickeln können. Hilfreich ist es dabei,

- mehr die aktuelle Situation zu sehen,
- bewusster auf Ressourcen bei Kindern zu schauen,
- wahrzunehmen und herauszuheben, wo die Kinder es geschafft haben, ruhig zu bleiben, eine Lösung zu finden, auf andere einzugehen,
- spielerisch Rituale zum Austritt aus einer negativen Rolle zu finden.

Insgesamt sind die verschiedenen Erklärungsansätze eher als gegenseitige Ergänzung zu sehen, als in Konkurrenz zueinander. Es spielen immer biologische, psychologische und soziale Faktoren eine Rolle, allerdings in unterschiedlicher Ausprägung. Das Auftreten von aggressivem Verhalten kann verbunden sein mit unterschiedlichen Situationen, Personen und kulturellen Rahmenbedingungen. Daher ist eine einheitliche Erklärung nicht sinnvoll, sondern es lohnt sich die Mühe, im Einzelfall zu schauen, welche Aspekte welcher Erklärung jeweils infrage kommen können. Daraus ergibt sich, welche Ansatzmöglichkeiten am hilfreichsten sind, um ein Kind zu unterstützen.

7.3 Entwicklungsverlauf und geschlechtstypische Unterschiede

Wutausbrüche und Trotzverhalten treten im Alter von zwei und drei Jahren gehäuft auf, sind jedoch im normalen Entwicklungsverlauf eine vorübergehende Erscheinung. Bei einigen Kindern nimmt dieses Verhalten jedoch nicht ab, wenn sie älter werden, sondern verschärft sich eher noch und kann sich in problematischen Eltern-Kind-Interaktionen aufschaukeln. Wenn oppositionelles Verhalten des Kindes – Verweigerung gegenüber Aufforderungen und Verhaltensregeln – und Erzwingungsversuche der Eltern sich gegenseitig verstärken, kann ein Teufelskreis mit hohem aggressivem Verhalten entstehen, das im Jugendalter in delinquente und gewalttätige Handlungen münden kann. »Solche Entwicklungen kommen bei Jungen häufiger vor als bei Mädchen. Wenn bei Mädchen hohe offene Aggressivität auftritt, gewöhnlich erst im Jugendalter, ist die Prognose aber ähnlich ungünstig wie bei Jungen« (Nolting 2005, S. 160ff.).

Körperliche Aggression tritt bei Jungen zahlenmäßig häufiger auf, die verbale Aggression ist bei männlichen und weiblichen Personen etwa gleich, und relationale Aggression findet sich tendenziell häufiger bei weiblichen Personen. Jedoch sind die Unterschiede innerhalb der Geschlechtskategorien sehr hoch, und im persönlichen Umgang sind die individuellen Unterschiede wichtig. Es kommt also »immer darauf an, welchen Jungen/Mann oder welches Mädchen/Frau man vor sich hat« (ebd., S. 151f.).

Defizite bei Kindern mit erhöhtem aggressivem Verhalten

Verschiedene Untersuchungen zeigen, dass Kinder mit häufigerem aggressivem Verhalten in verschiedenen Bereichen der sozial-emotionalen Kompetenz Defizite aufweisen (Koglin/Petermann 2013; Petermann/Wiedebusch 2016):

- Sie erleben öfter negative Gefühle, besonders Ärger und Wut; daher ist anzunehmen, dass sie auch über weniger ressourcenvolle Erfahrungen verfügen.
- Ihre Fähigkeit zur Emotionsregulation ist mangelhaft, was mit weniger prosozialen und massiveren aggressiven Verhaltensweisen einhergeht und dazu führt, dass die Kinder stärker von Gleichaltrigen abgelehnt werden.
- Sie haben eine eingeschränkte Fähigkeit, eigene Gefühle und Gefühle anderer Menschen wahrzunehmen und zu benennen. Das Gefühl der Angst ist dabei für sie besonders schwierig zu erkennen. Dies findet sich nicht nur beim mimischen Emotionsausdruck, sondern gilt auch für akustische emotionale Reize wie das Erkennen einer ängstlichen Stimme.
- Sie verfügen nur über ein mangelhaftes Emotionsverständnis.
- Ihre Fähigkeit zur Empathie ist geringer. Dies hat bedeutsame Konsequenzen im zwischenmenschlichen Verhalten, denn die Fähigkeit, sich in andere hineinzudenken

und möglicherweise deren Trauer oder Angst wahrzunehmen, ist Voraussetzung dafür, ein eigenes Verhalten zu stoppen oder zu helfen.

Praxis-Anregungen zur Förderung

Positiv gewendet, weisen die verschiedenen genannten Defizite alle auf Fähigkeitsbereiche der sozial-emotionalen Kompetenz hin, in denen Lernprozesse initiiert werden können, um die Kinder gezielt zu unterstützen.

Was ist normal, erwünscht oder abweichend?

Abweichendes Verhalten definiert sich daran, was für die geltende Norm gehalten wird. Es muss daher in Verbindung mit den aktuell herrschenden gesellschaftlichen und kulturellen Vorstellungen gesehen werden. Sowohl das »normale« Verhalten als auch das von der Normalität abweichende Verhalten unterliegt sozial-kulturellen Deutungsprozessen und ist daher immer auch sozial konstruiert.

Diese Sicht hilft dabei, Menschen nicht sofort zu bewerten und Probleme als in ihnen verortet anzusehen, sondern auch darüber nachzudenken, inwieweit die aktuellen äußeren Bedingungen an der Produktion der negativen Situation beteiligt sind. Das kann unter Umständen mit einer deutlichen Entlastung für ein Kind verbunden sein – das Kind ist weniger »schuld« oder »gestört«, denn das Problem wird nicht mehr im Inneren seiner Person gesehen, sondern mehr in der Passung zur Umwelt. Der Blick weitet sich für Zusammenhänge, woraus sich Handlungsalternativen ergeben können.

Je nach gültiger Sichtweise und Deutungsschema kann bei einem Kind, das sich häufig bewegt, eher die störende motorische Unruhe (»Katharina ist ein stark motorisches Kind«) im Vordergrund der Beobachtung stehen oder aber ein normaler kindlicher Bewegungsdrang, für den die Bedingungen der Umwelt – kaum Platz und kaum Zeit für Bewegung – störend und einschränkend sind.

Fragen zur Reflexion

- Denken Sie an ein Kind (A), bei dem Sie eher schwieriges, abweichendes Verhalten sehen.
- Bei welchem anderen Kind (B) würden Sie ein ähnliches Verhalten, wenn es gelegentlich auftritt, eher als normal im Sinne eines gelegentlichen Ausrutschers betrachten?
- Versuchen Sie, normalisierende Aspekte bei Kind (A) zu sehen.
- Achten Sie auf Situationen, in denen Kind (A) das schwierige Verhalten nicht an den Tag legt. Was tut es dann?
- Was würde passieren, wenn Sie vermehrt auf diese Momente positiv eingehen?

Lesetipps

Bücher mit Spiel- und Übungsvorschlägen für den Umgang mit Wut, aggressiven Gefühlen, Grenzen, Regeln und Körperkontakten

Baum, H. (2002): **Da bin ich fast geplatzt! Vom Umgang mit Wut und Aggression.** München: Kösel
Vielfältige Anregungen für Spiele und Übungen mit Kindern von circa 2–7 Jahren; vergriffen, aber antiquarisch gut zu erhalten.

Frank, A. (2010): **Rangeln, Regeln, Rücksicht nehmen. Spiele und Körperübungen für ein faires Miteinander von Kindern in Kita und Grundschule.** Münster: Ökotopia
Ein von pädagogischen Fachkräften wiederholt empfohlenes Buch, das die verschiedenen Übungen vielfach mit Fotos illustriert und verdeutlicht.

Erkert, A. (2012): **Die 50 besten Spiele zum Abbau von Aggressivität.** München: Don Bosco
Spielerisch Gefühlen nachgehen und alternative Konfliktlösungen suchen.

Lohmann-Falkner, R. (2013): **Wut ablassen ohne wehzutun: Spiele zum Umgang mit Aggression und Zorn.** München: Don Bosco
Zusammenstellung von Spielen zur Arbeit mit Kindergruppen, um mit Aggression und Zorn konstruktiv und nicht verletzend umzugehen.

Stamer-Brandt, P. (2015): **Wut-weg-Spiele für Kita, Hort und Schule.** Aggressionen abbauen – Entspannung finden. Freiburg: Herder.
Vielfältige und praxiserprobte Ideen und Aktionen, die die sozial-emotionalen Kompetenzen spielerisch unterstützen.

Bilderbücher und Vorlesegeschichten

Geißler, D. (2015): **Wohin mit meiner Wut?** Bindlach: Loewe
Es gibt verschiedene Arten, wütend zu sein. Die bildlichen Darstellungen zeigen unterschiedliche Ausdrucksformen von Wut und laden dazu ein, mit Kindern über dieses Gefühl ins Gespräch zu kommen – zum Beispiel über Situationen und Anlässe, die sie wütend machen, und darüber, welche Möglichkeiten es gibt, mit Wut umzugehen. Besonders positiv ist, dass hier beschrieben wird, wie sich Wut im Körper anfühlt (... dann »klopft mein Herz viel schneller als sonst, mir ist ganz heiß, und mein Kopf wird rot wie eine Tomate«).

Nöstlinger, Ch. (2010): **Anna und die Wut.** Mannheim: Sauerländer
Dieses Buch ist ein Klassiker, der folgendermaßen beginnt: »Es war einmal eine kleine Anna, die hatte ein großes Problem. Sie wurde unheimlich schnell und schrecklich oft wütend. Viel schneller und viel öfter als alle anderen Kinder. Und immer war ihre Wut gleich riesengroß!« Lebendig wird beschrieben, was Anna alles so macht, wenn sie wütend ist, wie es ihr und ihrer Umgebung damit geht, welche Lösungen sie für den Umgang mit der Wut sucht, die erst einmal misslingen – bis sie dann eine Strategie findet, mit der Anna die Wut aktiv in den Griff bekommt.

Wieber, M. (2011): **Warum bist du so wütend, Löwe? Domingo befragt die Tiere.** Salzhausen: Iskopress
Der Hund Domingo trifft verschiedene Tiere, die wütend sind, zum Beispiel ein Eichhörnchen, das wild umherspringt, wenn ein Raubvogel sein Nest bedroht, Gänse, die in Ruhe auf ihrer Wiese sein wollen, oder eine Biene, die sich wütend gegen den Honigdieb zur Wehr setzt. Dabei können nicht nur große Wildtiere in Wut geraten, sondern auch kleine und eher sanftmütige Tiere. Die verschiedenen Gründe für das Wütendwerden bieten viele Gesprächsanlässe für die Arbeit mit Kindern.

8.

Emotionsregulation – Strategien und Möglichkeiten in der frühen Kindheit

In diesem Kapitel erfahren Sie

- wie ein Gefühl entsteht
- was von der Entstehung eines Gefühls bis zu seinem Ausdruck in der Außenwelt geschieht
- welche Ansatzpunkte für die pädagogische Praxis das integrative Prozessmodell bietet
- welche Strategien zur Emotionsregulation typisch in der Kindheit sind

Im Umgang mit Gefühlen ist es zentral, über welche Möglichkeiten ein Kind verfügt, um seine Emotionen zu regulieren. Diese Fähigkeit zur Emotionsregulation spielt in allen Situationen im Alltag eine wichtige Rolle, gewinnt aber bei starken und weniger erwünschten Gefühlen wie Angst oder Ärger besonders an Bedeutung. Worin unterscheidet sich ein Kind, das in einer neuen, unbekannten Situation vorsichtig und zugleich neugierig reagiert, von einem Kind, das sich unter den gleichen Bedingungen ängstlich verhält? Oder: Wieso reagiert Hans mit heftigem Ärger, als Antony vom Brett stürzt und ihn dabei anstößt (siehe Kapitel 7)? Hätte ein anderes Kind möglicherweise auch anderes reagiert – und, wenn ja, warum?

Es geht um die Frage, wie Gefühle entstehen und was passiert, bis sie äußerlich für andere erkennbar werden. An welchen Punkten kann die pädagogische Praxis ansetzen, um Kinder bei der Regulation ihrer Gefühle zu unterstützen?

8.1 Emotionsentstehung nach dem integrativen Prozessmodell

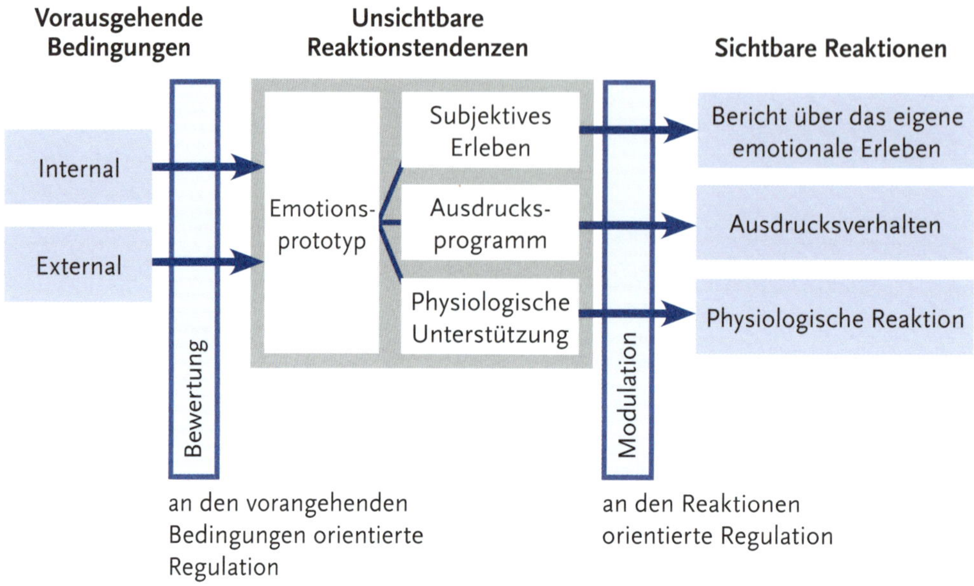

Gross 1998, nach von Salisch/Kraft 2010, S. 85

Das Modell von James Gross beleuchtet den Prozess der Entstehung und des Ausdrucks von Emotionen. Es heißt »integrativ«, weil es zwei verschiedene theoretische Ansätze in einem Modell zusammenfasst: auf der einen Seite Erklärungen, bei denen Bewertungsprozesse im Vordergrund stehen, und auf der anderen Seite Erklärungen, die besonders den Emotionsausdruck und physiologische Begleiterscheinungen in den Blick nehmen (vgl. von Salisch/Kraft 2010, S. 84ff.). Beide Aspekte – Bewertung von Reizen und Ausdrucksmöglichkeiten – sind gute Ansatzpunkte für eine Förderung.

Bewertung von Reizen

Kinder reagieren mit Emotionen auf die Wahrnehmung von bestimmten Reizen, die im Modell als vorausgehende Bedingungen beschrieben werden. Die Bedingungen können external oder internal sein: External bedeutet in der Umwelt verortet, wie der Gesichtsausdruck bzw. die Äußerung eines anderen Kindes, oder zum Beispiel eine Situation, in der ein Kind seine Bezugsperson in fremder Umgebung aus den Augen verliert. Internal meint innere Signale wie Hunger, Durst, Schmerz oder innere Vorstellungen (»Lauert da ein großer Hund um die Ecke?«) und Erinnerungen (»Letzte Woche bin ich mit dem Fahrrad umgefallen – andere Kinder haben gelacht«).

Emotion können sowohl durch externale als auch durch internale Reize hervorgerufen werden. Diese Reize werden wahrgenommen und bewertet. Aus der Bewertung resultiert eine bestimmte Emotion. Ein desinteressierter Blick kann zum Beispiel als Angriff auf die eigene Person (Ärger) oder als »Ist wohl mit etwas anderem beschäftigt« (Gelassenheit) bewertet werden. Die Bewertung hat jeweils unterschiedliche Emotionen zur Folge, die Gross zunächst Emotionsprototypen nennt.

Modulation des Emotionsausdrucks

Der Emotionsprototyp (z. B. Ärger) wird im Inneren des Kindes verarbeitet: Er wird subjektiv unterschiedlich erlebt, trifft auf ein spezifisches Ausdrucksprogramm – hier Möglichkeiten des Ärgerausdrucks – und auf eine spezifische physiologische Unterstützung, zum Beispiel auf ein eher leicht erregbares Kind oder auf ein eher entspanntes Kind. Im Modell wird der Begriff »Reaktionstendenzen« für diese inneren Prozesse verwendet, eben weil nicht alle Menschen auf die gleiche Situation auch gleichermaßen reagieren.

Von außen sicht-, hör- und messbar ist das, was Kinder von ihren Emotionen berichten, was sie an nonverbalem Gefühlsausdruck zeigen und wie ihr Körper reagiert (z. B. erhöhter Herzschlag, heftige Atmung, Erröten). Das beobachtbare Ausdrucksverhalten muss jedoch nicht mit der inneren Reaktion übereinstimmen, da es moduliert wird.

Emotionsregulation kann sowohl bei der Bewertung von Reizen erfolgen als auch bei der Modulation des Emotionsausdrucks.

Wenden wir das Modell von James Gross auf Hans aus unserem Beispiel der schwierigen Balance auf dem Brett (siehe Kapitel 7) an: Hans bewertet den Schubs von Antony als persönlichen Angriff. Seine Bewertung löst bei ihm die Emotion »Ärger« als Emotionsprototyp aus. Das Ärgergefühl wird innerlich geformt von den verschiedenen Erfahrungen von Ablehnung und Herumgeschubstwerden, die Hans schon oft in seinem Leben gemacht hat, weshalb er sich auch schnell aufregt und ihm »das Blut hochschießt«. Zugleich drückt er seinen Ärger in der Regel mit körperlichen Aktionen aus oder schreit herum, denn das ist das Ausdrucksprogramm, das er kennt. Die inneren Impulse setzt Hans direkt nach außen um. Hier gibt es kaum eine Modulation von inneren Prozessen und sichtbarem Verhalten. Das wäre zum Beispiel der Fall, wenn er zwar am liebsten zuschlagen oder brüllen würde, sich aber beherrschen und mit einem knurrigen »Mensch, das hat weh getan« reagieren könnte. Wo könnte man bei Hans ansetzen, um ihm andere Möglichkeiten zu eröffnen?

Möglichkeiten der Bewertung: spielerisch daran arbeiten, wie unterschiedlich man Situationen wahrnehmen, interpretieren, bewerten kann, wie es noch gemeint sein könnte; grundsätzliche Übungen zur Wahrnehmung von Emotionen und Situationen.

Thema Empathie: anregen, sich in andere hineinzuversetzen, wahrzunehmen, wie es ihnen geht.

Subjektives Erleben: positive, ressourcenvolle Erfahrungen ermöglichen, das Selbstwertgefühl durch Wertschätzung stärken, die Erfahrung von Zugehörigkeit unterstützen.

Ausdrucksprogramm: viele verschiedene Möglichkeiten finden, wie man Wut und Ärger noch äußern kann.

Fähigkeit der Impulskontrolle und der Modulationsfähigkeit im Ausdruck: Strategien erarbeiten, um sich zu beruhigen; Erfahrung ermöglichen, sich selbst beruhigen, sich im Ausdruck mäßigen zu können.

8.2 Strategien zur Emotionsregulation

Emotionen können mithilfe anderer Personen oder von der Person selbst reguliert werden, was mit den Begriffen interpersonale bzw. intrapersonale Emotionsregulation bezeichnet wird. Besonders in den ersten Lebensjahren spielt die Hilfe von außen eine große Rolle. Säuglinge werden geschaukelt, wenn sie weinen; kleine Kinder suchen Trost bei den Erziehungspersonen oder verstecken sich hinter einem Erwachsenen, wenn sie Angst bekommen.

Mit zunehmendem Alter gewinnt die Entwicklung von eigenen Regulationsstrategien an Bedeutung. Kinder müssen lernen, Impulse zu kontrollieren, sich nicht vorzudrängeln, wenn sie rutschen wollen, nicht gleich zu schubsen, wenn sie wütend sind. Ein Kind, das sich mit sieben Jahren unter dem Tisch versteckt, weil ein neuer Lehrer in den Raum kommt, ist mehr als auffällig. Es muss in diesem Alter Strategien entwickelt haben, die es ihm erlauben, neue unbekannte Situationen in einem gewissen Rahmen selbstständig auszuhalten und zu bewältigen.

Die Regulierung der eigenen Gefühle und Empfindungen ist also eine Entwicklungsaufgabe, die eine Herausforderung über die ganze Lebensspanne hinweg darstellt. Bereits in der frühen Kindheit entwickeln Kinder verschiedene Strategien zur Emotionsregulation, die im Verlauf des Aufwachsens zunehmend differenzierter werden.

Emotionsregulationsstrategien in der frühen Kindheit	
Interaktive Regulationsstrategien	z. B. Kontakt mit Bezugsperson aufnehmen, Unterstützung bei Eltern, pädagogischen Fachkräften, Gleichaltrigen suchen
Aufmerksamkeitslenkung	z. B. durch Wegschauen Aufmerksamkeit von der Erregungsquelle abwenden, Aufmerksamkeit einem anderen Stimulus zuwenden
Selbstberuhigungsstrategien	z. B. durch Saugen, Schaukeln, beruhigende Verhaltensrituale, Selbstgespräche, sich selbst etwas vorsingen
Rückzug aus der emotionsauslösenden Situation	z. B. Wegkrabbeln oder Weglaufen
Manipulation der emotionsauslösenden Situation	z. B. durch spielerische Aktivität
Kognitive Regulationsstrategien	z. B. internale Aufmerksamkeitslenkung – an etwas anderes denken, positive Selbstgespräche, kognitive Neubewertung der Situation, Verleugnung von Gefühlen
Externale Regulationsstrategien	z. B. Emotionen körperlich ausagieren
Einhaltung von Darbietungsregeln beim Emotionsausdruck	z. B. erlebte Emotion im Ausdruck maskieren, in der Gruppe nicht zeigen, dass man sich geärgert hat, sondern cool tun

in Anlehnung an Petermann/Wiedebusch 2016, S. 83f.

Praxis-Anregungen zur Förderung

Es gibt also verschiedene Punkte, an denen man ansetzen könnte, um Kinder in ihrer Emotionsregulation zu unterstützen. Sehr wichtig ist hier der Aspekt der Wahrnehmung und Bewertung/Interpretation von Situationen. Die Basis dafür ist das Wahrnehmen und Erkennen von Emotionen bei anderen und bei sich selbst sowie die Fähigkeit, sich in andere hineinversetzen und aus deren Perspektive eine Situation einschätzen zu können (Empathie). Gerade Kinder, die vermehrt aggressiv im Verhalten eingeschätzt werden, weisen in diesen Basisfähigkeiten Defizite auf. Zugleich ist aber die Kindertageseinrichtung ein Bereich, in dem diese Schlüsselfähigkeiten spielerisch und effektiv »nachgeschult« und verbessert werden können.

Ebenso wichtig sind der Aspekt der positiven Erfahrungen als Ressourcen, die in die Bewertung von Situationen einfließen, sowie ein Repertoire an Handlungsmöglichkeiten – zum Beispiel mit Wut umzugehen, ohne andere zu verletzen. Auch dafür bietet sich die Kindertageseinrichtung als Lernraum an.

Schließlich ist es für die Modulation nach außen entscheidend, eigene Impulse kontrollieren zu können und Zeit zu haben, zu überlegen, wie man am besten reagieren könnte – das heißt, das Hirn zuzuschalten. Auch hier gibt es Spiele und Übungen, um Strategien zu erlernen, die in schwierigen Situationen hilfreich sein können.

Bewusst mit Bewertungen umgehen

Die pädagogische Fachkraft wählt verschiedene Situationsbilder, zum Beispiel aus Bilderbüchern, aus. Jeweils ein Bild wird mit den Kindern angeschaut und gemeinsam finden sie heraus:

- Wer ist alles auf dem Bild zu sehen?
- Was geschieht in der Situation?
- Was könnte das für die einzelnen Beteiligten bedeuten?

Wichtig ist bei dieser Gesprächsführung, zwischen Beschreiben und Bewerten von Situationen zu unterscheiden:

- Was sehe ich?
  – und –
- Was könnte das bedeuten?

Dies kann Kindern zum einen helfen, schwierige Situationen durch das Beschreiben mit etwas Distanz wahrzunehmen. Zum anderen können hier unterschiedliche Bewertungen für eine Situation gefunden werden, was den Bewertungsspielraum der Kinder vergrößert und gerade für diejenigen, die schnell negativ bewerten, eine wichtige Erweiterung sein kann.

Lesetipp

d'Alliance, M. (2016): **Robbi regt sich auf.** Frankfurt/M.: Moritz

Robbi kommt schon sauer nach Hause und wird dann, weil er wegen des Essens mault, von seinem Vater in sein Zimmer geschickt. Sein Wutpegel wird höher, was man an der ansteigenden roten Gesichtsfarbe gut ablesen kann. In seinem Zimmer speit er ein großes rotes Wutmonster aus, und beide stellen zusammen das Zimmer auf den Kopf. Dann bemerkt Robbi, dass seine Sachen dabei kaputtgehen, und beginnt, das Wutmonster zu beruhigen. Das Wutmonster wird dabei immer kleiner und passt zuletzt in eine Kiste, in die es »aufgeräumt« wird. Am Ende hat sich Robbi (und das Monster) wieder beruhigt. Er streckt den Kopf aus seinem Zimmer und fragt: »Gibt es noch Nachtisch?« Das Buch wirkt hauptsächlich durch seine Bilder, es hat nur wenig Text.

Mögliche Fragen bei einem Gespräch mit den Kindern:

- Was hilft Robbi, sich bzw. das eigene Wutmonster wieder zu beruhigen?
- Wie macht er das?
- Warum will er sich selbst beruhigen?
- Worüber werdet ihr wütend?
- Wie könnt ihr euch beruhigen?
- Wie macht ihr das?
- Was hilft?

Mößner, B.; Pfeffer, S.; Pfister, H. (2008): **Wunderfitz – Das große Förderbuch. Emotionale und soziale Kompetenz, Kreativität.** Freiburg: Herder

Weitere Spiele und Übungen zur Förderung der sozial-emotionalen Kompetenz.

9. Vielfalt – Normalität und Herausforderung im pädagogischen Alltag

In diesem Kapitel erfahren Sie

- was mit Vielfalt in Kindertageseinrichtungen gemeint ist
- wie sprachliche Vielfalt und Mehrsprachigkeit in den Kita-Alltag integriert werden können
- wie kulturelle Hintergründe und Vorstellungen die Lebenswelten der Familien und den Umgang mit Emotionen prägen
- wie diese vielfältigen Einflüsse in der pädagogischen Arbeit berücksichtigt werden können
- warum interkulturelle Kompetenz als Teil der Sozialkompetenz zu verstehen ist

Über Vielfalt wird immer wieder neu diskutiert, dabei ist sie schon sehr lange eine Realität in unserer Gesellschaft und damit auch in pädagogischen Zusammenhängen. Weltzien und Albers (2014) unterscheiden begrifflich zwischen kleiner und großer Vielfalt. Mit dem Begriff »kleine Vielfalt« beschreiben sie individuelle Verschiedenheiten der einzelnen Kinder, mit »großer Vielfalt« weisen sie auf gruppenbezogene Unterschiede hin. Beispiele hierfür sind die Zugehörigkeit zu unterschiedlichen Schichten oder Religionen, Kinder mit und ohne Behinderungen oder auch Familien mit Migrationshintergrund und solche, die keine Zuwanderungsgeschichte haben.

Mit diesen vielfältigen Hintergründen und Lebenswelten sind unterschiedliche Bedürfnisse von Kindern und Eltern verbunden, auf die sich die pädagogische Fachkraft in ihrer Arbeit beziehen muss. Für sie stellt sich die alltägliche Aufgabe von Integration und Inklusion, die idealerweise möglichst reibungslos gelingen soll.

Vielfalt (auch Diversity, Verschiedenheit, Differenz) ist ein positiv besetzter Begriff, der Gleichwertigkeit nahelegt. Die Anerkennung von Vielfalt ist in der UN-Kinderrechtskonvention verankert und in menschenrechtlichen, ethischen und demokratischen Grundprinzipien begründet. Zugleich geht es im Zusammenleben von Menschen immer auch um Normen, die bestimmen, was als »normales« und »angemessenes« Verhalten gilt. Neben sozialen Normen gibt es statistische Normen, zum Beispiel in Testverfahren zur sozial-emotionalen Entwicklung, oder auch subjektive Normen, die sich durch persönliche Erfahrungen in der individuellen Lebensgeschichte herausgebildet haben. Eine Auseinandersetzung mit Vielfalt beinhaltet daher immer auch eine Auseinandersetzung mit (geltenden) Normen.

Die Toleranzweite und Grenzen der Toleranz müssen reflektiert und bestimmt werden. Auf der einen Seite wird in der aktuellen Inklusionsdebatte »ein Normverständnis formuliert, das Vielfalt als selbstverständlichen Bestandteil der pädagogischen Praxis versteht« (Weltzien/Albers 2014, S. 8). Ziel ist dabei, die Einzigartigkeit jedes einzelnen Kindes mit seinen Stärken, Schwächen und spezifischen Bedürfnissen zu beachten. Auf der anderen Seite gibt es viele Anforderungen im pädagogischen Alltag, die dazu in Beziehung gesetzt werden müssen, etwa die von der Schule erwarteten Grundkompetenzen im sozial-emotionalen und kognitiven Bereich am Ende der Kindergartenzeit, zeitliche und personelle Engpässe oder die alltägliche Gestaltung eines friedlichen Zusammenlebens auch bei konkurrierenden Interessen von Kindern. Pädagogische Fachkräfte sind herausgefordert, die verschiedenen Anforderungen in Übereinstimmung zu bringen und die Balance zwischen Gleichwertigkeit und Grenzsetzung in der alltäglichen Situation umzusetzen.

Das Thema Vielfalt hat viele Dimensionen. Die weiteren Ausführungen beschränken sich nun überwiegend auf das Feld der Migration.

9.1 Einige Daten und Fakten zu Migration

Über lange Zeit wurde in Deutschland bei der Bevölkerung die Staatsangehörigkeit statistisch erfasst, was zu der Unterscheidung von deutsch und ausländisch führte. Diese Kategorien bildeten aber bald die lebensweltlichen Erfahrungen und kulturellen Hintergründe kaum mehr ab, zum Beispiel, wenn Kinder türkischer Eltern in den 1980er und 1990er Jahren in Deutschland geboren wurden und aufwuchsen, aber durch das damalige Staatsbürgerschaftsrecht als Ausländer galten. Seit einem Jahrzehnt wird nun der Migrationshintergrund erhoben. Migrationshintergrund wird unterschiedlich definiert bzw. gemessen, zum Beispiel über Staatsangehörigkeit, Herkunft der Eltern und vereinzelt auch der Großeltern. Bei anderen Datenerhebungen wird die Erstsprache oder Familiensprache erfragt.

Die Definition des Statistischen Bundesamts und Daten zur Bevölkerung sind im aktuellen Migrationsbericht beschrieben: »Das Statistische Bundesamt definiert Menschen mit Migrationshintergrund folgendermaßen: ›Eine Person hat einen Migrationshintergrund, wenn sie selbst oder mindestens ein Elternteil die deutsche Staatsangehörigkeit nicht durch Geburt besitzt.‹ Diese Definition umfasst zugewanderte und nicht zugewanderte Ausländer, zugewanderte und nicht zugewanderte Eingebürgerte, (Spät-)Aussiedler sowie die als Deutsche geborenen Nachkommen dieser Gruppen« (BAMF 2016, S. 11).

Der Begriff Migrationshintergrund lässt in der Vorstellung schnell das Bild einer einheitlichen Gruppe entstehen, aber die so bezeichneten Menschen unterscheiden sich auf vielfältige Weise voneinander. Ein Kind hat zum Beispiel einen Migrationshintergrund, wenn seine beiden Eltern US-Staatsbürger und für fünf Jahre in Deutschland als Lehrbeauftragte an einer Universität tätig sind. In einem anderen Fall hat ein Kind einen Migrationshintergrund, wenn der Vater ein Deutscher und die Mutter in der Türkei geboren und im Alter von drei Jahren nach Deutschland übergesiedelt ist. Beide Eltern arbeiten heute in einer Bäckerei. Als drittes Beispiel wäre ein Kind zu nennen, das mit der Familie, alle in Syrien geboren und der Mittelschicht zugehörig, vor einem Jahr nach Deutschland geflohen ist. Die Lebensbedingungen dieser drei Familien mit Migrationshintergrund erweisen sich jedoch als äußerst unterschiedlich.

Im Jahr 2015 hatte ein Fünftel der Bevölkerung in Deutschland einen Migrationshintergrund (17,1 Millionen von 81,4 Millionen Einwohnern). Aus dieser Gruppe lebt fast jede vierte Person in Westdeutschland, jede zwanzigste in Ostdeutschland (23,9% bzw. 5,3%). Rund 45 Prozent der Bevölkerung mit Migrationshintergrund sind ausländische Staatsangehörige und 55 Prozent deutsche Staatsbürger. Zwei Drittel der Personen mit Migrationshintergrund sind selbst zugewandert (erste Generation), knapp ein Drittel wurde in Deutschland geboren (zweite oder dritte Generation).

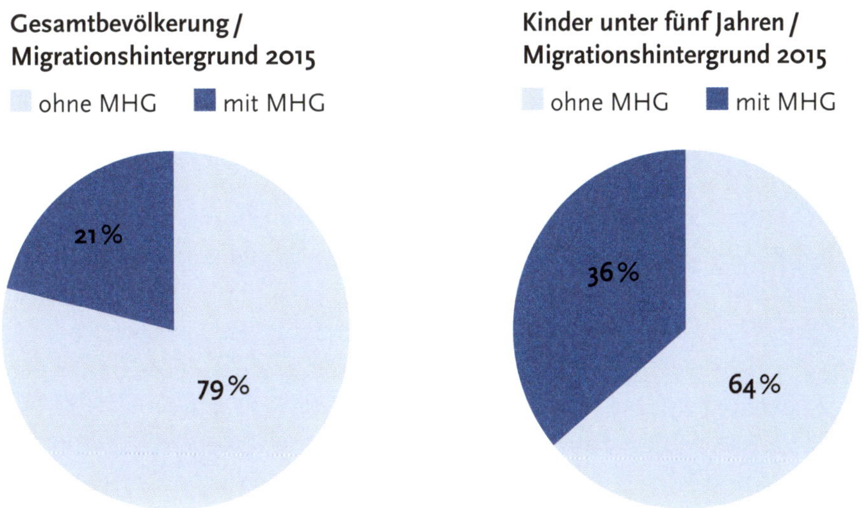

Zahlen: BAMF 2016, S. 11; Grafik: eigene Darstellung

Etwas mehr als ein Drittel aller Kinder unter fünf Jahren hatte 2015 einen Migrationshintergrund (35,9 %). Diese Zahl ist in den vergangenen zehn Jahren nur geringfügig gestiegen. So lag der Anteil der unter Fünfjährigen mit Migrationshintergrund im Jahr 2007 bei 33,1 Prozent, was noch einmal eindrücklich auf die schon lange bestehende kulturelle Vielfalt auch in Kindertageseinrichtungen hinweist.

9.2 Kinder mit Fluchterfahrungen

Eine aktuell neue Entwicklung für Kindertageseinrichtungen ergibt sich aus der hohen Zahl an Geflüchteten aus den Kriegs- und Krisengebieten der Welt. Allerdings ist hier zu erwähnen, dass auch in den vergangenen Jahrzehnten viele Kinder von asylsuchenden Familien in Kindertageseinrichtungen betreut wurden und dieses Thema zum Beispiel in den 1990er Jahren unter anderem als Folge der Jugoslawienkriege sehr aktuell war.

Ein erheblicher Teil der in den vergangenen zwei Jahren vor Krieg, Terror und Verfolgung geflohenen Menschen sind Familien mit Kindern. Im Jahr 2015 wurden für rund 63.500 Kinder unter sieben Jahren Asylerstanträge gestellt, im ersten Halbjahr 2016 für weitere 58.000 Kinder, was einem Anteil von etwa 15 Prozent aller Asylerstanträge entspricht (BAMF 2016; Meiner-Teubner 2016). Diese Zahl unterstreicht die hohe Bedeutung von Kindertageseinrichtungen bei der Integration der Menschen mit Fluchterfahrungen.

Ergebnisse zur Betreuungssituation von Flüchtlingskindern

Einen ersten Eindruck zur Betreuungssituation 2016 vermittelt eine bundesweite Befragung des Deutschen Jugendinstituts. An der Studie nahmen rund 1.800 Einrichtungen teil, ein knappes Drittel dieser Einrichtungen betreute Flüchtlingskinder. Als Gründe für die Nichtbetreuung gaben einige der anderen Einrichtungen an, derzeit keine freien Plätze zu haben; viele berichteten jedoch, dass es derzeit keinen Bedarf, also keine Anfragen gebe (Meiner-Teubner 2016).

Der Umgang der Einrichtungen mit der Betreuung von Kindern mit Fluchterfahrungen ist unterschiedlich. Kitas aus großstädtischen Ballungsgebieten haben bereits viel Erfahrung mit Kindern, die nicht Deutsch sprechen und in einem anderen kulturellen Umfeld aufgewachsen sind; für Einrichtungen auf dem Land stellt das oftmals eine neue Aufgabe dar (Riedel 2017). Sprachbarrieren sind ein häufiges Thema, und hier ist unter anderem der Zugang zu Dolmetscherdiensten wichtig. Geflohene Menschen können durch die Erfahrungen von Krieg und Flucht belastet sein und besondere Bedürfnisse bei der Verarbeitung von Belastungserfahrungen haben. In mehreren Studien berichten zahlreiche Kinder mit Fluchterfahrungen von einzelnen traumatischen Ereignissen. Bei 16 bis 23 Prozent der Kinder wurde nach vorliegenden Studien eine Posttraumatische Belastungsstörung festgestellt (Hofbauer 2016, S. 56). Die Erfahrung eines Traumas führt nicht automatisch zu einer Posttraumatischen Belastungsstörung, sondern kann auch von vielen Betroffenen verarbeitet werden. Soziale Unterstützung und die Erfahrung von Sicherheit und Regelmäßigkeit können hierbei helfen. Pädagogische Fachkräfte in der Einrichtung können in diesen Bereichen einen wichtigen Beitrag leisten, dafür benötigen sie aber ausreichend zeitliche Ressourcen. Wenn Kinder von Traumafolgestörungen betroffen sind, brauchen Erzieherinnen und Erzieher Unterstützung durch traumapädagogisch ausgebildetes Personal, daher sind entsprechende Vernetzungsstrukturen von großer Bedeutung.

Rechtsanspruch auf einen Kita-Platz

Die Möglichkeit von Kindern mit Fluchterfahrungen, eine Kita zu besuchen, wird derzeit kritisch diskutiert, denn der Rechtsanspruch, der den Zugang zu Kindertageseinrichtungen ermöglicht, wird unterschiedlich ausgelegt. Eine vom Deutschen Jugendinstitut in Auftrag gegebene Rechtsexpertise vertritt die Auffassung, dass ein Rechtsanspruch auf einen Platz in einer Kita unabhängig von Unterbringung und Aufenthaltsstatus besteht (Meiner-Teubner 2016). Demgegenüber haben laut Bundesfamilienministerium Kinder mit Fluchthintergrund »wie alle Kinder ab dem vollendeten ersten Lebensjahr einen Rechtsanspruch auf Bildung, Erziehung und Betreuung in einer Kita oder in der Kindertagespflege. Voraussetzung dafür ist, dass sie eine Aufenthaltsgestattung nach § 55 Asylverfahrensgesetz (AsylVfG) haben, die Familie die Erstaufnahmeeinrichtung verlassen hat und in der zugewiesenen Kommune in einer Anschlussunterkunft untergebracht ist« (BMFSFJ 2016).

Auf der einen Seite ist es für den Integrationsprozess wichtig, dass die Kinder möglichst frühzeitig eine Einrichtung besuchen. Der Kita-Besuch kann auch dabei helfen, ein Gefühl von Sicherheit und Normalität gerade in Zusammenhang mit Traumatisierung zu vermitteln. Eine lange Aufenthaltsdauer in Erstaufnahmeeinrichtungen und die Schwierigkeit, auf einem engen Wohnungsmarkt eine eigene Wohnung zu finden, können bei der aktuellen Rechtspraxis jedoch dazu führen, dass Kinder über einen langen Zeitraum nicht in einer Regeleinrichtung betreut werden.

Auf der anderen Seite kann es für Kinder mit Fluchterfahrungen schwierig sein, sich in eine Einrichtung einzugewöhnen, nach dem Umzug in eine eigene Wohnung wiederholt die Kita zu wechseln und die bisherigen Bezugspersonen zu verlieren. Zu erleben, dass eine gerade aufgebaute Bindung wieder abbricht, kann sich auf die emotionale Stabilität und die Erfahrung von Sicherheit und Verlässlichkeit ungünstig auswirken.

In manchen Erstaufnahmeeinrichtungen gibt es Betreuungsangebote, jedoch haben die Kinder dort in aller Regel keine Kontakte zu in Deutschland lebenden Kindern ohne Fluchterfahrung. Für die sprachliche Bildung und Entwicklung und auch in Hinblick auf die Herstellung eines normalen Alltags im Aufnahmeland – der neuen Heimat – ist das als problematisch zu bewerten.

Der Umgang mit interkultureller Vielfalt ist schon lange und bleibt auch zukünftig ein Querschnittsthema in der frühkindlichen Bildung und Betreuung und sollte umfassend auf der Einrichtungsebene beachtet werden. Das Handlungskonzept der interkulturellen Öffnung (Filtzinger 2014a) kann bei der umfassenden Umsetzung einer interkulturellen Arbeit in der Einrichtung unterstützen (siehe Seite 105ff.).

9.3 Sprachliche Vielfalt und Mehrsprachigkeit

Sprachliche Vielfalt gehört in unserer Gesellschaft schon lange dazu. In Kitas zeigt sie sich je nach Zusammensetzung der jeweiligen Wohnbevölkerung in unterschiedlichem Ausmaß und unterschiedlicher Verteilung auf die jeweiligen Landessprachen. Vor allem in städtischen Gebieten stellen Menschen mit verschiedensten kulturellen Hintergründen eine Normalität dar. Kindertageseinrichtungen sind also in sehr unterschiedlicher Weise mit Mehrsprachigkeit und mit mehr oder weniger vorhandenen deutschen Sprachkompetenzen befasst.

Eine kritische Einstellung gegenüber Mehrsprachigkeit wird häufig damit begründet, dass eine sprachliche, emotionale oder kognitive Verwirrung entstehen könnte. Die Forschungsbefunde entkräften dieses Vorurteil. In der Spracherwerbsforschung gibt es einen Konsens darüber, »dass die angeborene Spracherarbeitungskapazität von Kleinkindern ausreicht, zwei Sprachen in altersgemäßem Umfang vollständig (d. h. vergleichbar mit Kindern, die einsprachig aufwachsen) zu erwerben« (Reich 2010, S. 29). In diesem Zusammenhang wird auch von bilingualem oder doppeltem Erstspracherwerb gesprochen. Die Erwerbssituationen können dabei sehr unterschiedlich sein und der Spracherwerb damit auch sehr unterschiedlich verlaufen. Kindern bereitet es keine Schwierigkeiten, ihre beiden Sprachen auseinanderzuhalten. Es wurden »zahlreiche Belege für eine sehr frühe Differenzierung des grammatischen Wissens erbracht, die übrigens ohne besondere Förderung, also ohne Hilfe von Erwachsenen gelingt« (Meisel 2013, S. 122). Allerdings sind dafür entsprechende Sprachvorbilder im Umfeld bedeutsam. Sprachmischung wird aus Sicht der Forschung nicht kritisch gesehen, sondern zweisprachige Äußerungen sind eine durchgehende und normale Erscheinung im Sprechen zweisprachiger Kinder (Reich 2013, S. 29). Studien zeigen, dass die Sprachkompetenzen von Vorschulkindern mit Migrationshintergrund im Vergleich zu Kindern ohne Migrationshintergrund geringer sind und es einen Zusammenhang mit der zuhause gesprochenen Sprache gibt – was wenig verwundert und die Bedeutung von Sprachvorbildern unterstreicht. Die Studien belegen hier aber auch einen deutlichen Zusammenhang mit dem sozioökonomischen Status. Das bedeutet, dass geringere Sprachkompetenzen nur zu einem Teil durch den nichtdeutschsprachigen Hintergrund zu erklären sind und Leistungsdifferenzen auch auf Unterschiede in den sozioökonomischen Ressourcen der Familie zurückgeführt werden können (z. B. Relikowski u. a. 2015; Berendes u. a. 2015).

Befunde der NUBBEK-Studie zur Qualität der Betreuung von Kindern in Deutschland weisen darauf hin, dass Kinder, die Gruppen mit höheren Anteilen von Kindern mit Migrationshintergrund besuchen, eine vergleichsweise schlechtere Prozessqualität erfahren. »Dies gilt für die Gruppen mit Kindern im Kindergartenalter und im Krippenalter in gleicher Weise. Das Ergebnis zeigt, dass gerade diejenigen Gruppen in unserer heranwachsenden Bevölkerung, für die eine qualitativ hochwertige Betreuung besonders wichtig ist, eine geringere Chance hierzu haben« (Tietze u. a. 2012, S. 13). Prozessqualität beschreibt die Ebene des pädagogischen Handelns und damit die alltägliche Interaktion mit dem Kind, die gerade für die alltagsintegrierte Sprachförderung bedeutsam ist. Schwieriger wird der Spracherwerb zudem, wenn andere Kinder als Sprachvorbilder fehlen.

»Das hohe Maß an Variabilität in der zweisprachigen Entwicklung verlangt ein hohes Maß an Individualisierung in der sprachpädagogischen Arbeit. Im frühkindlichen Alter bedeutet das, eine grundsätzlich dialogische Haltung einzunehmen: dem Kind zuzusehen und zuzuhören, auf seine lautlichen und gestischen Äußerungen einzugehen, seine Reaktionen abzuwarten, aufzugreifen und weiterzuführen« (Reich 2013, S. 31). Dies kann nur geleistet werden, wenn die pädagogischen Fachkräfte gute strukturelle Bedingungen vorfinden und damit Zeit für die pädagogische Arbeit gerade auch mit nichtdeutschsprachigen Kindern haben. Wenn eine Erzieherin selbst zweisprachig ist, kann das den Spracherwerb der Kinder unterstützen. Es ist bedeutsam, dass die pädagogische Fachkraft ein Sprachvorbild für eine komplexere deutsche Sprache ist, das heißt, dass sie komplexere Sätze bildet und einen breiten Wortschatz verwendet.

Die Beherrschung einer komplexen Form der deutschen Sprache ist gerade für den Bildungserfolg in unserer Gesellschaft eine wichtige Voraussetzung. Kinder mit Migrationshintergrund mit einer anderen Erstsprache als Deutsch können gerade durch den Kita-Besuch und die Kommunikation mit pädagogischen Fachkräften, die komplexere Satzstrukturen verwenden, erheblich profitieren. Zugleich stellen Mehrsprachigkeit und der spielerische Umgang mit verschiedenen Sprachen eine Ressource dar und können für Kinder mit und ohne Migrationshintergrund eine Bereicherung sein.

9.4 Kulturbezogener Umgang mit Emotionen

In diesem Abschnitt werden sechs Themen zu Kultur und Emotionen beleuchtet, die sich an Arbeiten von Halberstadt und Lozada (2011) und Hofstede und Hofstede (2011) anlehnen. Die sechs Punkte sollen dabei helfen, eine Reflexion darüber zu ermöglichen, welche kulturbezogenen Vorstellungen zum sozio-emotionalen Bereich in einer Familie jeweils vorhanden sind. Dabei wird nochmals unterstrichen, dass hier mit dem Begriff Kultur nationale, ethnische, gruppen- oder schichtspezifische und gesellschaftliche Kulturen gemeint sind.

Kulturen können mehr auf das Kollektiv oder auf das Individuum bezogen sein

Kulturen und Gesellschaften orientieren sich in unterschiedlichem Ausmaß an Interessen des Kollektivs oder des Individuums. Diese unterschiedlichen Orientierungen wirken sich auch auf die Erziehung von Kindern im Umgang mit Emotionen aus.

In **kollektivistischen Kulturen** wird der Mensch als Teil einer oder mehrerer sozialer Gruppen betrachtet. In der Regel ist die Gruppenzugehörigkeit nicht frei wählbar, sondern durch Herkunft, soziale Schicht, Glaubensgemeinschaft oder Clan vorgegeben. Die Gruppe bietet Unterstützung und verlangt Loyalität. Kollektivistisch ausgerichtete Kulturen betonen wechselseitige Abhängigkeit und Verpflichtung (auch z.B. in Bezug auf finanzielle Unterstützung), Gruppenidentität, zwischenmenschliche Harmonie und gemeinsame Ziele. Emotionen werden mehr in Bezug auf Gruppen wahrgenommen (z.B. Treue zum Land, Familienehre). Wenn Verhaltensvorschriften nicht eingehalten werden, kann das zu Beschämung und Gesichtsverlust für einen selbst und die Gruppe führen.

In der sozial-emotionalen Entwicklung von Kindern sind emotionale Selbstkontrolle und persönliche Zurückhaltung wichtig, die Harmonie in der Gruppe und gemeinsame Zielerreichung möglich machen. Es steht nicht die Befindlichkeit der einzelnen Person im Vordergrund, sondern das Wohlergehen der Gruppe oder Familie.

In **individualistisch orientierten Kulturen** wird davon ausgegangen, dass das Individuum sein Handeln daran ausrichtet, seine Interessen und die seiner engsten Familie, also Ehepartner, Eltern, Kinder oder Geschwister, zu verwirklichen. Individualistisch ausgerichtete Kulturen betonen Unabhängigkeit, individuelle Identität, persönliche Durchsetzung und die Erreichung individueller persönlicher Ziele. Emotionen werden auf den Einzelnen bezogen und als Ausdruck seiner Persönlichkeit wahrgenommen. Übertretungen von Normen führen zu Schuldgefühlen und Verlust an Selbstachtung.

Kinder werden eher zum Ausdruck ihrer Gefühle ermuntert und in der Ausprägung von sozial-emotionalen Fähigkeiten unterstützt, die individuelles Handeln ermöglichen.

In verschiedenen Kulturen und Gesellschaften kann die individuums- oder kollektivbezogene Orientierung in unterschiedlichen Ausprägungen vorkommen. Auch innerhalb einer Richtung gibt es verschiedene Formen. Man kann zum Beispiel zwischen hartem und sanftem Individualismus unterscheiden: Harter Individualismus ist gekennzeichnet durch eine verstärkte Durchsetzung eigener Interessen, während ein sanfter Individualismus eher auf die Entwicklung eigener Fähigkeiten und Selbstverwirklichung abzielt. Dementsprechend werden Eltern ihre Kinder beim Umgang mit ihren Emotionen unterschiedlich unterstützen. Beim härter ausgeprägten Individualismus forcieren Eltern stärker eine aktivere, auch rauere Art zu spielen. Der Ausdruck von Angst und Trauer wird eher kontrolliert und sanktioniert, aggressives Handeln unterstützt, zum Beispiel mit der Anweisung, nicht zu weinen, stattdessen zu kämpfen, was positiv bewertet wird (»Der hat Biss, der kann sich durchsetzen!«). Es wird weniger vermittelt, dass die Umwelt freundlich und entgegenkommend ist, sondern häufiger, dass man sich Erwünschtes aktiv erobern muss. Dagegen wird bei einem sanften Individualismus die Umwelt eher als sicher und zugewandt gestaltet. Das Kind erfährt emotionale Unterstützung und wird ermuntert, die eigene emotionale Befindlichkeit zu beachten, sicher und selbstbewusst die Welt zu entdecken und sich eher kreativ und kommunikativ für eigene Interessen einzusetzen.

Bei Messungen zum Grad des Individualismus in verschiedenen Nationen mit einem Spektrum von 6 bis 91 Punkten erreichen zum Beispiel die USA mit 91 Punkten die größte Individualismus-Ausprägung, Frankreich liegt bei 71, Deutschland bei 67 Punkten, im Mittelfeld Indien bei 48 Punkten, Russland und die Türkei bei 39 und 37 Punkten, und schließlich mit geringen Individualismus-Werten und damit hoher kollektiver Orientierung China, Thailand, Westafrika mit 20 und Guatemala mit 6 Punkten (Hofstede/Hofstede 2011, S. 101f.). In globaler Perspektive ist Kollektivismus viel weiter verbreitet als Individualismus.

Je nachdem, ob Kulturen von Werten der Unabhängigkeit und individuellen Freiheit geprägt sind oder ob gegenseitige Abhängigkeit und gemeinsame Familien- oder Gruppenziele die wesentliche Orientierung darstellen, sind auch die Wertorientierungen in Familien anders. Es handelt sich also nicht um eine Frage der Wahrheit (Was ist richtig?), sondern die Ausrichtung ist erheblich von Sozialisationsprozessen bestimmt. Dies zu erkennen und auch bestimmte Grundausrichtungen und Fähigkeiten formulieren zu können, die in unserer Gesellschaft für die Teilhabechancen von Kindern wichtig sind, macht gegenseitige Anerkennung möglich und kann die Arbeit erleichtern. Die Orientierung bei Familien und Einzelpersonen ist nicht als statisch zu sehen, sondern kann sich auf längere Sicht durch (neue) Erfahrungen verändern.

Fragen zur Reflexion zu Familie

- Wie ist das Handeln der Familie in Hinblick auf den Einzelnen und das Kollektiv ausgerichtet?
- Stehen eher Anpassung und Loyalität im Vordergrund oder Selbstverwirklichung und die Entwicklung individueller Fähigkeiten?

Machtverhältnisse

Machtverhältnisse innerhalb einer Kultur oder Gesellschaft unterscheiden sich darin, inwieweit Beziehungen eher von hierarchischen, autoritären oder aber von egalitären, also gleichberechtigten Bedingungen geprägt sind. Wird vom Kind Gehorsam erwartet oder darf es mitbestimmen?

Bei **autoritären Machtverhältnissen** (große Machtdistanz) muss ein Kind sich stärker emotional kontrollieren, auch wenn zum Beispiel etwas gegen seinen Willen geschieht. Oftmals wird erwartet, dass Kinder gegenüber Erwachsenen keinen Ärger ausdrücken. In manchen kulturellen Umfeldern gilt diese Norm insbesondere gegenüber männlichen Erwachsenen. Von Kindern wird gefordert, sich eher an die Wünsche und Stimmungen von Erwachsenen anzupassen und eigene zurückzustellen.

Bei **egalitären Machtverhältnissen** (geringe Machtdistanz) werden die Wünsche und Befindlichkeiten des Kindes berücksichtigt. Dadurch wird die Aufmerksamkeit auf den sozial-emotionalen Bereich gelenkt, was die Entwicklung dieser Fähigkeiten unterstützt. Kinder werden ermuntert, ihre Gefühle wahrzunehmen und zu äußern.

In unserer Gesellschaft werden in dem Zusammenhang neben einer grundsätzlichen Erwünschtheit von demokratischen Verhältnissen in der Eltern-Kind-Beziehung seit einiger Zeit auch problematische Ausformungen diskutiert, etwa wenn Kinder übermäßig mitbestimmen dürfen und permanent zu ihren Wünschen befragt werden. Dadurch, dass die Erziehungsperson keinen klaren Rahmen mehr setzt, können Orientierung und Sicherheit für das Kind verlorengehen.

Fragen zur Reflexion zu Familie

- Wie sind die Machtverhältnisse in der Familie?
- In welchem Grad ist das Eltern-Kind-Verhältnis von Autorität oder von Mitbestimmung gekennzeichnet?

Geschlechterunterschiede

In allen Kulturen und Gesellschaften gibt es Geschlechterrollen. Sie beinhalten Vorstellungen und Erwartungen darüber, welche Lebensbereiche, Aufgaben und Verhaltensweisen für Männer und Frauen als angemessen und akzeptabel gelten. Die Rollenvorstellungen können zwischen den Kulturen erheblich variieren. Sie haben einen großen Einfluss darauf, wie Gefühle und Beziehungen gelebt werden. Was Mädchen und Jungen dürfen und wie sie sich verhalten sollen, wird von diesen Geschlechterrollen geprägt.

Fragen zur Reflexion zu Familie

- Welche Gefühle und Verhaltensweisen werden in der Familie eher Mädchen, welche eher Jungen zugeschrieben?
- In welchen Bereichen sind für Mädchen wie Jungen gleiches emotionales Erleben und Verhalten möglich?

Die Rolle von Kindern in Kultur und Familie

Kinder haben in verschiedenen Kulturen und Gesellschaften einen hohen Wert, aber die Gründe dafür sind unterschiedlich. In einigen Kulturen sind Kinder wichtig für die Sicherung und Ausdehnung der ökonomischen Basis der Familie und für eine materielle Absicherung im Alter.

In anderen, insbesondere wohlfahrtsstaatlich abgesicherten kulturellen Zusammenhängen sind Kinder eher mit einem psychologischen Gewinn verbunden. Kinder sind bedeutsam für die Verwirklichung von eigenen Lebensplänen, werden als Freude und Bereicherung des eigenen Lebens angesehen oder in religiös bestimmten Kontexten als Geschenk Gottes verstanden.

Fragen zur Reflexion zu Familie

- Welche Rolle nehmen Kinder im kulturellen Kontext der Familie ein?
- Welche Bedeutung wird Kindern in der Familie / Kultur zugemessen?

Wege wie Kinder lernen

Es gibt sehr unterschiedliche Vorstellungen über Lernprozesse bei Kindern. Zunächst unterscheiden sich die kulturellen Vorstellungen hinsichtlich des Wann, also des Alters, in dem Kinder etwas lernen können. Eltern, die davon ausgehen, dass Kinder bereits in den ersten Lebensjahren damit beginnen, ihre Emotionen zu kontrollieren, werden diese Fähigkeit frühzeitig unterstützen. Sie werden früher kontrolliertes Verhalten von ihren Kindern erwarten als Eltern, die davon ausgehen, dass Kinder sich erst mit fünf oder sechs Jahren »zusammenreißen« können. Diese Eltern werden wenig kontrolliertes emotionales Verhalten von Kindern länger dulden und als normal werten.

Die Vorstellungen unterscheiden sich auch in Hinblick auf die Frage, ob die Entwicklung von Fähigkeiten als natürlich ablaufender Prozess im Sinne einer Reifung gesehen wird oder durch Vermittlung und Anleitung zustande kommt. Als Folge aus diesen Annahmen werden Bezugspersonen mehr oder weniger aktiv in Bildungsprozesse investieren und Lernangebote gestalten. Weiterhin gibt es unterschiedliche Vorstellungen darüber, wer für die Lernprozesse im sozial-emotionalen Bereich verantwortlich ist. Sind es die Eltern, Geschwister, andere Kinder oder pädagogische Fachkräfte? Und schließlich gibt es – wenn von Lernen durch Anleitung ausgegangen wird – unterschiedliche Theorien darüber, wie (am besten) gelernt wird, zum Beispiel durch Disziplin, in Prozessen der Selbstbildung oder solchen der Ko-Konstruktion. Auch entsprechend dieser Vorstellungen werden Lernsituationen unterschiedlich gestaltet.

Fragen zur Reflexion zu Familie

- Welche Vorstellungen und welches Verhalten gibt es in der Familie in Hinblick auf Lernprozesse?
- Bezogen auf »richtiges« Alter, Anleitung, Zuständigkeit und darauf, wie Lernen am besten funktioniert?

Bewertung von Emotionen in einem kulturellen Umfeld

Schließlich lohnt sich ein Blick darauf, wie sich Kulturen in Hinblick darauf unterscheiden, welche Gefühle als akzeptabel gelten und welchen Regeln die Erfahrung und der Ausdruck von Emotionen insgesamt unterliegen. In einigen Kulturen ist zum Beispiel der Ausdruck von Ärger wenig akzeptiert, in anderen dagegen durchaus üblich und in Ordnung. In manchen Kulturen ist ein intensiver Ausdruck von Freude die Norm, der zum Beispiel mit einem breiten Lachen und entsprechenden Lauten sicht- und hörbar wird. In anderen kulturellen Zusammenhängen ist das eher verpönt, hier wird Freude mit einem zurückhaltendem Lächeln signalisiert. Dies kann auch innerhalb einer Kultur variieren, zum Beispiel unterscheiden sich die Ausdrucksnormen von Missbilligung und Ärger in der sogenannten »gehobenen Gesellschaft« von denen im Arbeitermilieu. Auch können die Vorstellungen darüber, in welcher Intensität der Emotionsausdruck angemessen ist, verschieden sein. Solche kulturellen Regeln werden dann in den Familien weitergegeben. Auch in Kulturgütern wie Kinderbüchern und -geschichten werden diese Vorstellungen dargestellt und wirken so auf die Sozialisation der Kinder ein.

Fragen zur Reflexion zu Familie

- Wie werden (bestimmte) Emotionen in der Familie und ihrem kulturellem Umfeld bewertet?
- Welche Normvorstellungen zum Ausdruck von Emotionen gibt es in der Familie?

Die sechs dargestellten Perspektiven können helfen, über kulturelle Hintergründe und Vorstellungen einer Familie gezielt nachzudenken, um

- das Handeln der Eltern und Kinder besser zu verstehen,
- auf dieser Basis das pädagogische Handeln mit den Kindern zu planen,
- mit diesem Wissen die in der Kita gültigen Regeln und Handlungsabläufe besser vermitteln zu können.

Wichtig ist, immer wieder die einzelne Familie in ihrer Lebenswelt mit den vielen verschiedenen Einflussfaktoren auf ihre Situation und ihr Verhalten zu sehen. Und es bleibt eine Herausforderung, Informationen zu anderen Kulturen zu sammeln und zu vermitteln, ohne dass pauschale Zuschreibungen und Stereotype entstehen. Interkulturelle Kompetenz beinhaltet die Berücksichtigung dieser vielfältigen Einflüsse.

9.5 Hilfreiche Grundhaltung: Verständnis von interkultureller Kompetenz als erweiterter Sozialkompetenz

Interkulturelle Kompetenz ist zu einem Schlüsselbegriff in der Diskussion der pädagogischen Fachöffentlichkeit geworden. Unter interkultureller Kompetenz wird ein »Set von Fähigkeiten« verstanden, die es einer Person ermöglichen, in einer interkulturellen Situation kultursensibel und wirkungsvoll zu handeln (Grosch/Leenen 2000, S. 39). Bei der genaueren Bestimmung dieser Fähigkeiten und ihrer Voraussetzungen werden unter anderem folgende Elemente genannt: eine differenzierte Selbstwahrnehmung und realistische Selbsteinschätzung, emotionale Stabilität und Ambiguitätstoleranz (mit Widersprüchlichkeiten und mehrdeutigen Situationen umgehen können), Einfühlungsvermögen und Reflexionsfähigkeit, Vertrautheit mit verschiedenen kulturellen Bedeutungsmustern und kulturellen Perspektiven sowie ein breites Verhaltensrepertoire.

Bei näherer Betrachtung könnten die genannten Fähigkeiten ebenso unter dem Oberbegriff der Sozialkompetenz zusammengefasst werden, die um eine kulturelle Komponente erweitert ist (ebd.). Das heißt: Interkulturelle Kompetenz und Sozialkompetenz überschneiden sich weitgehend. Auch Auernheimer weist darauf hin, dass sich Probleme des gegenseitigen Verstehens zwischen Individuen aus derselben Kultur und aus unterschiedlichen Kulturen nur graduell unterscheiden. Ebenso verlaufen Kulturgrenzen nicht nur zwischen Gesellschaften, sondern auch quer durch Gesellschaften (Auernheimer 2000, S. 20f.).

Allerdings ist es besonders herausfordernd in interkulturellen Begegnungen, dass nicht nur persönliche und subkulturelle Bedeutungsebenen unterschiedlich sind, sondern auch Bedeutungssysteme, die auf nationalen, ethnischen oder gesellschaftlichen Traditionen und Kollektiverfahrungen beruhen.

In der Fachdiskussion wird zudem kritisiert, dass interkulturelle Kompetenz im deutschsprachigen Raum als eine Art Sonderkompetenz für Professionelle nachgefragt wird und »die kulturell-ethnisch Anderen« in der Regel als Adressaten von interkultureller Kompetenz nicht vorkommen« (Mecheril 2013, S. 16). Interkulturelle Bildungsangebote richten sich also weitgehend an Mehrheitsangehörige bzw. »Nicht-Migranten«. Weiterhin beschreibt Mecheril in diesem Zusammenhang das Problem, dass Angebote zur interkulturellen Kompetenz die Gefahr bergen, ein einseitiges und verkürztes Kulturverständnis zu vermitteln und Handlungsvermögen als professionelle Technologie zu betrachten.

Ein Verständnis von interkultureller Kompetenz als Teil oder Erweiterung der Sozialkompetenz könnte zu einer anderen Perspektive führen, die nicht die Verschiedenheit der Kulturen betont, sondern die Verschiedenheit der jeweiligen Menschen in ihren Lebenswelten und die Beziehungen zwischen ihnen in den Vordergrund stellt. Die unterschiedliche (nationale/ethnische) Kultur wäre dabei eine zu berücksichtigende Komponente, aber nicht der dominierende Aspekt. Mit dieser Grundhaltung scheint es leichter, interkulturelle Kompetenz als Teil einer Schlüsselkompetenz zu sehen, die sowohl für Einheimische als auch für Zugewanderte von Bedeutung ist.

Interessant ist auch das Konzept der »Kompetenzlosigkeitskompetenz« von Mecheril (2013), in dem es darum geht, eigenes Wissen, Einstellungen und Machtverhältnisse zu reflektieren und eine Haltung des Nicht-Wissens einzunehmen, um dem Gegenüber mit einer offenen Haltung zu begegnen und aufnahmefähig zu sein. In ähnlichem Sinne verwende ich den Begriff der professionellen Unwissenheit als Grundhaltung der Offenheit und Neugier, der die Reflexion eigener Wissensinhalte, Denkmuster und Machtverhältnisse einschließt. Professionelle Unwissenheit hilft, das tatsächliche Nicht-Wissen über den anderen in der Begegnungssituation als normal und professionell zu definieren. Professionelles Handeln in der pädagogischen Praxis beginnt mit einem Prozess der (gemeinsamen) Informationssammlung und nicht mit der Suche nach schnellen Lösungen.

Anregungen für die Praxis

Interkulturelle Öffnung als Ansatz auf Einrichtungsebene

Kulturelle Vielfalt stellt für Kindertageseinrichtungen immer wieder eine Herausforderung und zugleich in bestimmten Regionen oder Stadtteilen eine Normalität dar. Eine interkulturelle Öffnung ermöglicht eine aktive, ressourcenorientierte und konstruktive Gestaltung der gegebenen Situation. Dabei werden nicht nur Einzelmaßnahmen ergriffen, sondern die interkulturelle Perspektive wird als Grundhaltung einer interkulturellen Öffnung systematisch auf verschiedene Bereiche der Kita bezogen.

Otto Filtzinger (2014a) beschreibt die in der folgenden Abbildung dargestellten Bereiche als Elemente interkultureller Öffnung. Diese Elemente bieten jeweils einen konkreten Ansatzpunkt für die kultursensible Gestaltung des pädagogischen Alltags in einer Kindertageseinrichtung.

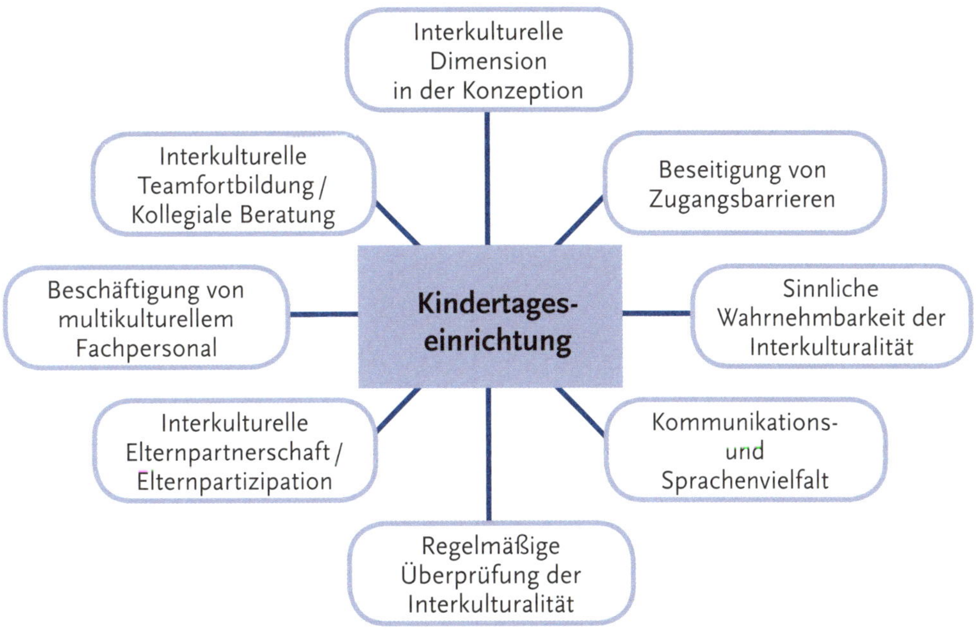

aus: Filtzinger 2014a, S. 210

Interkulturelle Dimension in der Konzeption

Die Konzeption berücksichtigt kulturelle Vielfalt auf Kinderebene, Elternebene und auf Fachkräfteebene. Im pädagogischen Alltag werden für die Kinder regelmäßig Gelegenheiten geschaffen, die interkulturelle Bildung ermöglichen; Eltern werden ebenfalls in die interkulturelle Gestaltung einbezogen.

Im Konzept wird festgehalten, dass Fachkräfte sich im Team damit auseinandersetzen, wie Interkulturalität in der Einrichtung umgesetzt werden soll. Als professionelle Kompetenz wird erwartet, Vorstellungen und Ansichten in diesem Themenfeld zu reflektieren.

Wenn Konzeptarbeit als partizipativer Prozess verstanden wird, bietet die Fortschreibung der Konzeption eine Möglichkeit zu einem fortlaufenden Austausch darüber, wie Vielfalt in der Einrichtung umgesetzt werden kann.

Interkulturelle Teamfortbildung/Kollegiale Beratung

Interkulturelle Öffnung ist ein dynamischer Prozess, in dem Weiterbildung und Beratungsbedarf für spezifische Situationen immer wieder eine bedeutsame Rolle spielen. Die Kinder, die die Einrichtung besuchen, und ihre Eltern bringen verschiedenste Themen und Bedürfnisse mit. Die pädagogischen Fachkräfte sind herausgefordert, darauf fallbezogen einzugehen, und können dabei durch themenbezogene Fortbildungen, kollegiale Beratung oder auch Fallsupervision unterstützt und weiterqualifiziert werden.

Beschäftigung von multikulturellem Fachpersonal

Die Beschäftigung von multikulturellem Fachpersonal schafft Repräsentanz unterschiedlicher kultureller Hintergründe und ermöglicht Mehrsprachigkeit in der Einrichtung. Wenn Fachkräfte die Sprache einiger Eltern mit Migrationshintergrund teilen, können sie dadurch leichter zu Ansprechpartnern oder Vertrauenspersonen werden. Verfügen manche Eltern zunächst nur über geringe Deutschkenntnisse, so werden auf diese Weise differenziertere Gespräche über Erziehungsfragen oder auch spezifische Informationen, zum Beispiel zum deutschen Schulsystem, möglich.

Faktoren institutioneller Diskriminierung sollten kritisch geprüft werden, wenn zum Beispiel eine Festanstellung oder eine Leitungsfunktion aufgrund einer bestimmten religiösen Zugehörigkeit bei einigen kirchlichen Trägern nicht möglich ist.

Beseitigung von Zugangsbarrieren

Hier geht es darum, einen bewussten Blick auf Bedingungen in der Einrichtung zu richten, die für bestimmte Gruppen den Zugang erschweren und wenig Vielfalt erlauben, zum Beispiel indem religiös bedingte Speisevorschriften keine Berücksichtigung finden oder Fachkräfte kein Kopftuch tragen dürfen. Die begrenzte Aufnahme von Kindern mit Migrationshintergrund stellt ebenfalls eine Zugangsbarriere dar. Auch wenn das Personal ausschließlich Deutsch spricht, kann der Zugang für anderssprachige Familien erschwert sein.

Sinnliche Wahrnehmbarkeit der Interkulturalität

Interkulturalität wird nach Filtzinger dann sinnlich wahrnehmbar, wenn in einer Einrichtung zum Beispiel »Aushänge, Bücher, Einladungen, Elternmitteilungen in verschiedenen Sprachen zu sehen sind, wenn andere Sprachen hörbar sind und Gebrauchsgegenstände, Spiele, Kleidungsstücke aus anderen Kulturen sichtbar oder anfassbar sind« (2014a, S. 212).

Kommunikations- und Sprachenvielfalt

Mehrsprachigkeit wird hier nicht im Sinne eines gezielten Zweitspracherwerbs verstanden, sondern die Sprachenvielfalt soll als Abbild und Wertschätzung der Vielfalt der unterschiedlichen Herkunft der Menschen vermittelt werden. Aus der Perspektive des Bildungsauftrags wird den Kindern durch die Gelegenheit zur Auseinandersetzung mit Mehrsprachigkeit die Möglichkeit gegeben, übersprachliche Muster zu entdecken, was wiederum insgesamt die Sprachentwicklung unterstützt.

Auch ein bewusster Umgang mit nonverbaler Kommunikation ist wichtig – häufig werden kurze Verständigungen, soziale Regeln etc. über einen schnellen Blick oder bestimmte Zeichen ausgehandelt. Zeichen und Gesten können jedoch interkulturell verschieden sein oder die gleichen Zeichen unterschiedlich gebraucht werden, was eine bewusste Auseinandersetzung und Bedeutungsklärung nahelegt (z. B. Knapp 2013).

Und schließlich ist es ein grundlegendes Ziel frühpädagogischer Einrichtungen, den Erwerb der deutschen Sprache auf einem möglichst komplexen Niveau zu unterstützen – eine wichtige Voraussetzung für einen nachhaltigen Bildungserfolg in unserer Gesellschaft und die damit verbundenen Teilhabechancen. Dies ist, wie auf Seite 96 gezeigt wurde, keineswegs als gegensätzlich zu Mehrsprachigkeit zu sehen. Wichtig sind sprachliche Vorbilder, die die deutsche Sprache komplex verwenden.

Interkulturelle Elternpartnerschaft/Elternpartizipation

Interkulturelle Erzichungspartnerschaft bedeutet, Eltern mit ihren heterogenen Voraussetzungen und Hintergründen einzubeziehen und zu berücksichtigen, sie zum Beispiel zu Aktivitäten einzuladen, die ihre Interessen aufgreifen und ihren Möglichkeiten (z. B. sprachlich) entsprechen. Unter partizipativer Perspektive wird Eltern Raum zur Mitgestaltung eröffnet.

Regelmäßige Überprüfung der Interkulturalität

Durch eine regelmäßige Überprüfung der Interkulturalität soll die interkulturelle Öffnung gesichert und weiterentwickelt werden. Die folgende Checkliste kann dabei unterstützen (in Anlehnung an Filtzinger 2014b, S. 691f.):

Checkliste interkulturelle Kindertageseinrichtung

Indikatoren	Ja	Nein: Gründe / Hindernisse?	Aktionen erforderlich? Wer? Was? Bis wann?
Die interkulturelle Dimension ist konkret in der Konzeption enthalten			
Es gibt regelmäßige pädagogische Aktivitäten, die Kindern interkulturelle Themen näherbringen			
In alltäglichen Lebens-, Spiel- und Lernsituationen hört man die Muttersprache aller Kinder			
Mehrsprachige Kinder werden früh mit der deutschen Sprache vertraut gemacht, zugleich wird die Freude an anderen Sprachen erhalten			
Kinder mit Deutsch als Muttersprache werden mit Sprachen anderer Kinder in der Einrichtung vertraut gemacht			
Kulturelle und sprachliche Ressourcen aller Eltern und Kinder werden geschätzt und genutzt			
Fachkräfte haben unterschiedliche kulturelle Hintergründe			
Es gibt ausreichend Gelegenheit, diese Hintergründe in die pädagogische Arbeit einzubringen			
Deutschsprachige Fachkräfte des Teams haben auch Kenntnisse in einer der von Kindern verwendeten Sprachen			
Kindern, Eltern und Fachkräften stehen Bücher/Tonträger/Filme mit verschiedenen kulturellen Bezügen zur Verfügung			
Fachkräfte haben schon an Fortbildungen mit interkulturellen Themenstellungen teilgenommen			

Vorurteilsbewusste Arbeit

Informationen und Angebote zur vorurteilsbewussten Arbeit in Kindertageseinrichtungen gibt es bei der Fachstelle Kinderwelten für Vorurteilsbewusste Bildung und Erziehung im Institut für den Situationsansatz in der Internationalen Akademie INA gGmbH an der Freien Universität Berlin unter: www.situationsansatz.de/fachstelle-kinderwelten.html.

Hier werden unter anderem nach Alter gruppierte Bilderbuchempfehlungen zu verschiedenen Themen zur Verfügung gestellt, zum Beispiel auch eine Bücherkiste für drei bis sechs Jahre unter: www.situationsansatz.de/files/texte%20ista/fachstelle%20kinderwelten/kiwe%20pdf/Handreichung_3bis6_2016.pdf.

Lesetipps

Interkulturelles Lernen, Sprachentwicklung, Zusammenarbeit mit Eltern

Ulich, M.; Oberhuemer, P.; Soltendieck, M. (2013): **Die Welt trifft sich im Kindergarten. Interkulturelle Arbeit und Sprachförderung in Kindertageseinrichtungen.** Freiburg: Herder.

Lamm, B. (Hrsg.) (2017): **Handbuch Interkulturelle Kompetenz: Kultursensitive Arbeit in der Kita.** Freiburg: Herder.

Kinder mit Fluchterfahrungen

Hofbauer, Ch. (2016): **Kinder mit Fluchterfahrung in der Kita. Leitfaden für die pädagogische Praxis.** Freiburg: Herder.

Albers, T.; Ritter, E. (2016): **Kinder und Familien mit Fluchterfahrung kommen an.** kindergarten heute. Freiburg: Herder.

10. Förderprogramme – eine Auswahl

In diesem Kapitel erfahren Sie

- welche Programme zur Förderung der sozial-emotionalen Fähigkeiten es gibt
- wo Sie weiterführende Informationen über die Programme einholen können
- warum es wichtig ist, über die Durchführung eines Programmes hinaus ein vertieftes Wissen über sozial-emotionale Kompetenzen und ihre Förderung zu erwerben

Inzwischen gibt es diverse Programme zur Förderung der sozial-emotionalen Kompetenz, die vor allem in den letzten zehn Jahren entwickelt und zum Teil evaluiert wurden. In diesem Kapitel werden einige der Programme vorgestellt. Literaturhinweise und die Angabe von Internetadressen ermöglichen bei Interesse weiterführende Informationen.

Trainingsprogramme ersetzen nicht das umfassende Verständnis über den komplexen Themenbereich der sozial-emotionalen Kompetenz, über das eine pädagogische Fachkraft verfügen sollte. Ebenso sind sie nicht gleichzusetzen mit der Wirkung der im Alltag gelebten Haltung und der persönlichen Kompetenz von Erzieherinnen und Erziehern, die sich über die umfassende Bedeutung der sozial-emotionalen Fähigkeiten bewusst sind und auch durch wiederholte Selbstreflexion viel emotionale Klarheit erreicht haben. Ein Bewusstsein über die Wichtigkeit und eine Förderung der sozial-emotionalen Kompetenz ist eine langfristige Aufgabe im pädagogischen Alltag.

Doch können Programme einen wichtigen Beitrag zur Förderung leisten, denn häufig ermöglichen sie ein leichtes Beginnen durch klar strukturierte Handlungsanweisungen, Rahmenvorgaben über Ablauf und Zeiten, komprimiertes Vorgehen ohne längerdauernden Kompetenzerwerb und vorgefertigte Materialien. Durch vorstrukturiertes, gleichförmiges Vorgehen sind an wissenschaftlichen Erkenntnissen orientiere Inhalte und Vorgehensweisen, Evaluationen und wissenschaftliche Vergleichbarkeit leichter möglich.

Das bedeutet aber immer auch: Je nach Grad der Geschlossenheit des Curriculums ist eine Anpassung an die jeweilige Situation und die jeweiligen Kinder nicht vorgesehen. Die Themen und der Ablauf sind relativ stark vorgegeben, auch wenn die Kinder aus sehr unterschiedlichen Lebenswelten kommen. Die Bedürfnisse und Fragen der Kinder werden nur im Rahmen des vorgegebenen Programms berücksichtigt. Daher ist es wichtig wahrzunehmen, inwieweit Programme Flexibilität und Anpassung an die Situation und die Kindergruppe ermöglichen.

Im Folgenden wird zunächst das an der Technischen Hochschule Nürnberg entwickelte und positiv evaluierte Kompetenzförderprogramm »ReSi – Resilienz und Sicherheit« beschrieben. Darüber hinaus werden weitere Programme knapp im Überblick vorgestellt.

10.1 ReSi – Resilienz und Sicherheit

Im Rahmen des Forschungsprojekts ReSi wurde das Ziel verfolgt, Resilienz und Sicherheit bei Kindern im Kindergartenalter zu stärken und zur Prävention sexualisierter Gewalt beizutragen. Im Präventionskonzept geht es darum, die Kinder kompetenzorientiert zu fördern und das Schutzhandeln der Erwachsenen zu unterstützen, da es die Aufgabe der Erwachsenen ist, die Kinder vor Grenzverletzungen und Missbrauch zu schützen.

Für die Entwicklung von Resilienz im Kindergartenalter ist es bedeutsam, Basisfähigkeiten der Kinder im sozial-emotionalen, körperbezogenen und sprachlichen Bereich und positive, ressourcenvolle Erfahrungen in ihren sozialen Beziehungen zu fördern.

Auf der erwachsenenbezogenen Ebene setzt das Präventionskonzept bei den pädagogischen Fachkräften und bei den Eltern an. Hier zielt es darauf ab, die Schutzfunktion der Erwachsenen durch spezifische Informationen zu sexualisierter Gewalt, durch Stärkung der Handlungssicherheit und durch Vernetzung zu Fachstellen zu unterstützen. Das Projekt lief von 2013 bis 2017, wurde geleitet von Christina Storck und Simone Pfeffer unter Mitarbeit von Jennifer Hansen und Julia Feldmann und gefördert vom Bundesministerium für Bildung und Forschung (Storck/Pfeffer 2018; Pfeffer/Storck 2018).

Das Kompetenzförderprogramm ReSi

Das Programm zur Kompetenzförderung bei Kindern in Kindertageseinrichtungen wurde auf der Basis aktueller Forschungsbefunde entwickelt und knüpft an Bewährtes aus der pädagogischen Praxis an. In der Resilienzforschung ist die Aufmerksamkeit insbesondere auf Schutzfaktoren bzw. Ressourcen gerichtet, die eine positive Bewältigung von widrigen Umständen und stressreichen Situationen ermöglichen. Die Bewahrung einer gesunden Entwicklung auch unter schwierigen Bedingungen wird in diesem Forschungsfeld ebenso untersucht wie die Wiederherstellung der gesunden Entwicklung nach traumatischen Erlebnissen (Wustmann 2009).

Auf der Basis des Resilienzmodells zielt das Präventionskonzept darauf ab, die Widerstandskraft von Kindern durch den Aufbau von Schutzfaktoren in Form von personalen und sozialen Ressourcen zu stärken. Im Kindergartenalter geschieht dies insbesondere durch die Entwicklung sozial-emotionaler, körperbezogener und sprachlicher Fähigkeiten (Wustmann 2009; Fröhlich-Gildhoff/Rönnau-Böse 2015) und die Unterstützung von positiven Beziehungserfahrungen.

Das Förderprogramm ReSi ist daher auf die Kompetenzbereiche Gefühle, Körper, Beziehungen und Sprache ausgerichtet. Die sprachliche Förderung bildet dabei ein Querschnittsthema, denn es ist wichtig, sprachliche Möglichkeiten zu haben, um Gefühle und Bedürfnisse ausdrücken und mitteilen zu können, Spielregeln zu verhandeln, Konflikte zu lösen oder sich Unterstützung holen zu können.

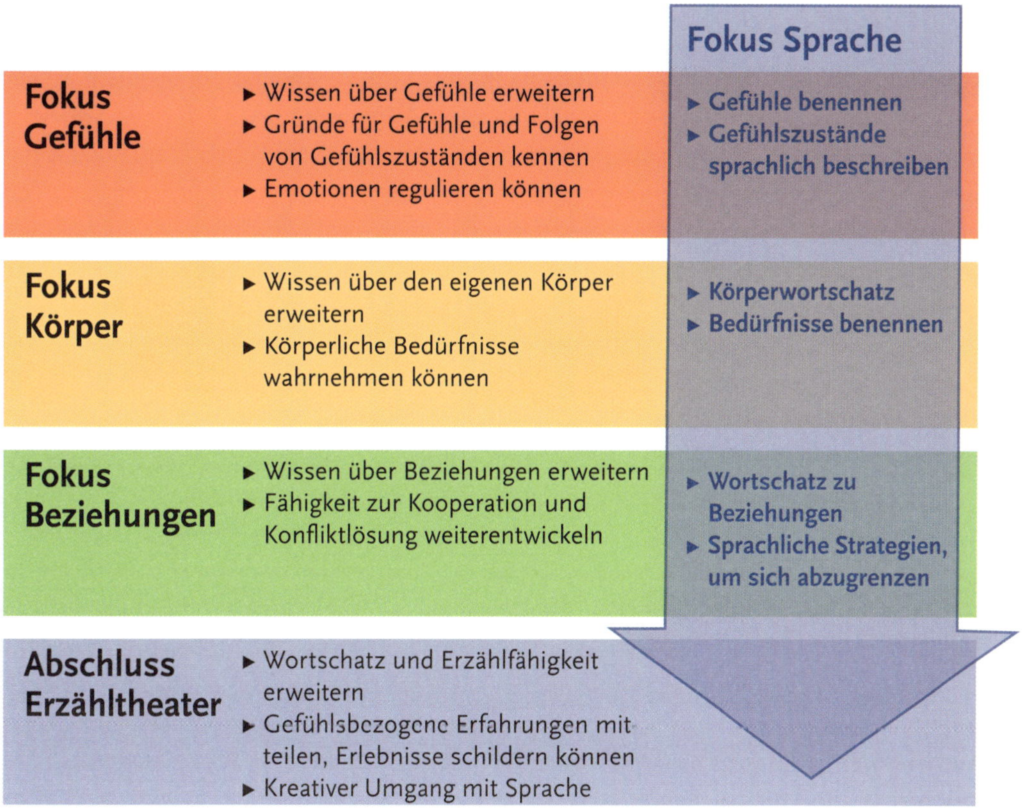

Inhaltliche Gliederung des Kompetenzförderprogramms ReSi

Zu jedem Kompetenzbereich gibt es Übungen, um zum Beispiel Gefühle bei sich und anderen zu erkennen, den Wortschatz zu Gefühlen und zum Körper zu erweitern, Situationen zu beschreiben, die mit Gefühlen verbunden sind, oder auch Übungen zu sprachlichen Strategien, um sich abzugrenzen oder Bedürfnisse in Konflikten zu verhandeln. Neben den Übungen und Spielen zur allgemeinen Förderung von Basisfähigkeiten werden auch spezifische Übungen vorgestellt, die Wissen und Handlungsstrategien im Zusammenhang mit Grenzüberschreitungen und Übergriffen fördern sollen.

Für die Kompetenzbereiche Gefühle, Körper und Beziehungen sind zeitlich jeweils vier bis sechs Wochen vorgesehen. Im abschließenden Kompetenzbereich »Erzähltheater« in den letzten zwei bis drei Wochen des Förderprogramms geht es darum, noch einmal die vorausgegangenen Inhalte zu wiederholen und zu vertiefen sowie die Erzählfähigkeit zu erweitern. Auf spielerische Weise sind hier auch Regeln zur Sicherheit sowie das Thema »Hilfe holen« verankert und stehen so am Programmende thematisch im Fokus.

Insgesamt ist die Durchführung des Programms damit auf rund vier Monate ausgerichtet. Je nach den Bedürfnissen und Bedingungen der jeweiligen Gruppe und des Fachpersonals können die Übungen und Spiele angepasst und in den Kita-Alltag integriert werden. Auch eine jahreszeitliche Anpassung der Inhalte ist gut möglich.

Die Übungen und verwendeten Materialien orientieren sich an dem üblichen Vorgehen der pädagogischen Arbeit im Kindergarten und lehnen sich an Bewährtes an. Die einzelnen Übungen und Spiele werden knapp, übersichtlich und handlungsorientiert beschrieben, um die Fachkräfte in ihrer Planung und Vorbereitung zeitlich zu entlasten. Es werden Kern- und Wahlübungen, gedacht zur Wiederholung und Vertiefung, unterschieden. Dadurch wird bei zeitlichen Engpässen gewährleistet, dass zentrale Themen zu den angezielten Bereichen auch dann bearbeitet sind, wenn nicht alle Übungen durchgeführt werden können. Auch ist es so leicht möglich, Anpassungen an die jeweilige Gruppensituation vorzunehmen. Im Manual werden die Übungen und Spiele beschrieben und Lieder abgedruckt. Als weiteres Material kommen die Katzen Resi und Ralph als (Hand-)Puppen zum Einsatz, ein Bilderbuch mit speziell zu den Katzen entwickelten Geschichten zu Gefühlen und Beziehungen, ein Gefühlswürfel, Bildkarten und Karten zu Geheimnissen sowie Bildvorlagen zum Körper.

Um die Eltern einzubeziehen und die gemeinsame Arbeit am Thema zu unterstützen, ist ein Elternabend vor Beginn des Programms wichtig. Für die Eltern gibt es zu jedem Kompetenzbereich einen thematischen Elternbrief. Hier wird erklärt, worum es inhaltlich geht und was die Kinder tun und lernen. Darüber hinaus enthält der Elternbrief spielerische Anregungen zum Thema, die Eltern mit ihren Kindern gemeinsam durchführen können.

Um die pädagogischen Fachkräfte in ihrer alltäglichen Arbeit zu unterstützen und nicht zusätzlich zu belasten, ist es wichtig, dass sich ein Programm zur Kompetenzförderung leicht in den Kita-Alltag integrieren lässt und gut in die definierten Bildungsaufgaben des frühpädagogischen Bereichs einfügt. Das hier vorgestellte Programm bezieht sich auf mehrere der zu fördernden Basisfähigkeiten des Bildungsauftrags und unterstützt diese konkret durch gezielte Übungen.

Positive Evaluation

Das Kompetenzförderprogramm wurde im Kindergarten als Wartekontrollgruppendesign durchgeführt und evaluiert, das heißt, die teilnehmenden 23 Kindergruppen wurden in zwei Gruppen aufgeteilt, in eine Interventionsgruppe und eine Wartekontrollgruppe. Zunächst erhielt nur die Interventionsgruppe die Fortbildung zum Kompetenzförderprogramm sowie die Materialien und führte anschließend das Programm mit den Kindern durch. Bei beiden Gruppen wurden zeitgleich zu drei Zeitpunkten die Daten erhoben. Die Wartekontrollgruppe erhielt die Fortbildung und die Materialien erst, nachdem alle Daten erhoben waren. So kann eine Gruppe mit Programm mit einer Gruppe ohne Programm verglichen werden. Die Daten wurden durch die pädagogischen Fachkräfte und Eltern mit Fragebögen zur sozial-emotionalen und zur sprachlichen Entwicklung erhoben. Zudem wurden standardisierte Interviews mit 174 Kindern geführt.

Die Ergebnisse des Vergleichs der Interventionsgruppe mit der Wartekontrollgruppe bestätigen eine positive Programmwirkung auf das Wissen und die Kompetenzentwicklung der Kinder. Es zeigen sich signifikante Zuwächse in den Bereichen Selbstbehauptung, Stressbewältigung, körperbezogene Kompetenzen, Interaktions-, Kommunikations- und Konfliktlösekompetenzen sowie im Bereich der Sprachentwicklung. Zugleich nahmen Ängstlichkeit und emotionale Labilität im Untersuchungszeitraum ab. In der Auswertung der Kinderinterviews zeigt sich, dass Kinder, die das ReSi-Förderprogramm durchlaufen haben, im Vergleich zu den Kindern der Kontrollgruppe ein signifikant besseres Wissen zu Körperteilen sowie zur Unterscheidung und Benennung von Gefühlen aufweisen. Auch können Kinder nach der Programmdurchführung mehr sinnvolle Handlungsmöglichkeiten in bestimmten Situationen benennen als die Vergleichsgruppe. Die Akzeptanz des Kinderprogramms aus Sicht der durchführenden Fachkräfte ist hoch (Feldmann/Storck/Pfeffer 2018).

Das Kompetenzförderprogramm ReSi ist im Buchhandel zu beziehen (s. u.). Für interessierte Fachkräfte werden an der TH Nürnberg Fortbildungen dazu angeboten. Informationen zum Forschungsprojekt gibt es unter: www.projektresi.de.

Lesetipp

Pfeffer, S.; Storck, C. (2018): **Resilienzförderung und Prävention sexualisierter Gewalt in Kitas – Das »ReSi«-Förderprogramm.** Göttingen: Hogrefe.

Artikel zur Evaluation des Programms: Feldmann, J.; Storck, C.; Pfeffer, S. (2018): **ReSi: Evaluation eines Programms zur Kompetenzförderung und Prävention sexuellen Missbrauchs im Kindergarten.** Praxis der Kinderpsychologie und Kinderpsychiatrie: Band 67, Ausgabe 8, 720–735. https://doi.org/10.13109/prkk.2018.67.8.720

10.2 Weitere Programme im Überblick

Verhaltenstraining im Kindergarten

Das Programm »Verhaltenstraining im Kindergarten« zielt auf die Verbesserung der emotionalen und sozialen Kompetenz ab. Es wurde von Franz Petermann und Ute Koglin am Zentrum für Klinische Psychologie und Rehabilitation der Universität Bremen entwickelt. Das Programm ist als universelle Präventionsmaßnahme konzipiert, die sich an alle Kindergartenkinder im Alter von drei bis sechs Jahren richtet und in 25 Einheiten durchgeführt wird. Die Kinder lernen darin spielerisch, Gefühle bei sich und bei anderen zu entdecken, typische Konflikte aus dem Kindergartenalltag zu bewältigen und Verhaltensweisen in Rollenspielen auszuprobieren. Das Programm wird in entsprechenden Veröffentlichungen (Buch und CD) erläutert, dazu können Spiel- und Übungsmaterialien erworben werden. Es werden aber keine spezifischen Fortbildungen angeboten. Weitere Informationen unter: www.zrf.uni-bremen.de/zkpr/BPF/seiten/s2.html.

Lesetipp

Koglin, U.; Petermann, F. (2013): **Verhaltenstraining im Kindergarten. Ein Programm zur Förderung sozial-emotionaler Kompetenz.** Göttingen: Hogrefe.

Kindergarten plus

Kindergarten Plus verfolgt das Ziel, die soziale, emotionale und geistige Bildung vier- bis sechsjähriger Kinder in Kindertageseinrichtungen zu fördern. Es wurde von der Deutschen Liga für das Kind entwickelt und wird von den deutschen Lions Clubs gefördert.

Das Programm ist in neun Module gegliedert, die Übungen, Spiele und Lieder zur Körper- und Sinneswahrnehmung, zum Erkennen und Benennen von Gefühlen und zu Themen des sozialen Miteinanders enthalten und in einem Zeitraum von drei bis vier Monaten durchgeführt werden. Darüber hinaus gibt es zwei Vertiefungsmodule. Bei der Durchführung des Programms ist die Gruppengröße auf acht bis zwölf Kinder begrenzt. Die Eltern werden durch schriftliche Informationen und thematische Anregungen einbezogen.

Zum Programm gibt es neben dem Manual diverse Materialien wie zum Beispiel eine Lieder-CD und die Handpuppen Tula und Tim.

Für die pädagogischen Fachkräfte werden zweitägige Schulungen angeboten, und der Zugang zum Programmmaterial ist nur bei oder nach Schulungen möglich. Weitere Informationen unter: www.kindergartenplus.de.

Lesetipps

Maywald, J.; Valentien, S. (2009): **Kindergarten plus: Ein Programm der Deutschen Liga für das Kind. Handbuch für Erzieherinnen und Erzieher mit CD-ROM.** Berlin: Deutsche Liga für das Kind (nur in Zusammenhang mit Fortbildungen zu erwerben).

Klinkhammer, J.; von Salisch, M. (2015): **Emotionale Kompetenz bei Kindern und Jugendlichen. Entwicklung und Folgen.** Stuttgart: Kohlhammer.

Bertram Blaubauch sucht sein Lachen

»Bertram Blaubauch sucht sein Lachen« ist ein Projekt zur Förderung emotionaler, personaler und sozialer Kompetenzen von Kindern. Es wurde von Angela Frank und Sabine Martschinke am Lehrstuhl für Grundschulpädagogik und -didaktik an der Friedrich-Alexander-Universität Erlangen-Nürnberg entwickelt.

Das Projekt ist eine bilderbuchgeleitete Maßnahme zur Förderung der Persönlichkeitsentwicklung von Kindern. Das Bilderbuch greift verschiedene Aspekte der sozial-emotionalen Entwicklung auf. Ausgehend von diesem Bilderbuch werden in zehn Einheiten Themen wie Gefühle, Ich-Stärke, Freundschaft, Zusammenhalt und Konflikte bearbeitet. In einem Handbuch wird das Vorgehen (z. B. Gruppen- und Rollenspiele, Geschichten, Lieder) beschrieben, und es enthält auch entsprechende Kopiervorlagen zur Arbeit mit den Kindern. Das Projekt wird mit der ganzen Gruppe umgesetzt und kann in Kleingruppen vertieft werden.

Zusätzlich werden Fortbildungen zu Bertram Blaubauch und der Förderung sozial-emotionaler Kompetenzen bei Kindern angeboten. Weitere Informationen unter: www.angelafrank.com.

Lesetipps

Frank, A.; Martschinke, S. (2011): **Bertram Blaubauch sucht sein Lachen. Handreichung. Ein Projekt zur Förderung emotionaler, personaler und sozialer Kompetenzen von Kindern.** Freiburg: TUS.

Frank, A. (2009): **Bertram Blaubauch sucht sein Lachen** (Bilderbuch). Freiburg: TUS.

PRiK

Das Förderprogramm »Prävention und Resilienzförderung in Kindertageseinrichtungen (PRiK)« zielt darauf ab, die seelische Widerstandsfähigkeit und Kompetenz zur Bewältigung von Krisen bei Kindern im Vorschulalter zu unterstützen. Es wurde im Zentrum für Kinder- und Jugendforschung an der Evangelischen Hochschule Freiburg von Klaus Fröhlich-Gildhoff, Tina Dörner und Maike Rönnau-Böse entwickelt.

Das Programm umfasst 22 Einheiten im Verlauf von zehn Wochen, in denen die Resilienzfaktoren Selbst- und Fremdwahrnehmung, Selbststeuerung, Selbstwirksamkeit, soziale Kompetenz, Umgang mit Stress und Problemlösung gefördert werden sollen. Empfohlen wird eine Gruppengröße von acht bis zehn Kindern mit etwa gleichem Entwicklungsstand, geleitet von zwei pädagogischen Fachkräften. Begleitend zum Programm werden zwei Elternabende durchgeführt. Ein Manual enthält Trainingseinheiten, Kopiervorlagen und eine Anleitung zur Erstellung der Handpuppen. Auf der Webseite des Zentrums für Kinder- und Jugendforschung an der Evangelischen Hochschule Freiburg werden Fortbildungen zur Resilienzförderung angeboten. Weitere Informationen unter: www.zfkj.de.

Lesetipp

Fröhlich-Gildhoff, K.; Dörner, T.; Rönnau-Böse, M. (2016): **Prävention und Resilienzförderung in Kindertageseinrichtungen – PRiK. Ein Förderprogramm.** München: Ernst Reinhardt.

EFFEKT

EntwicklungsFörderung in Familien: Eltern- und Kindertraining – dieses Trainingsprogramm zur Verbesserung der sozialen Kompetenz wurde in dem Projekt »Entwicklung und Entwicklungsförderung in Familien« am Lehrstuhl für Psychologie von Friedrich Lösel an der Universität Erlangen-Nürnberg entwickelt und evaluiert. Es gibt einen Eltern- und einen Kinderkurs für das Vorschulalter. Im Elternkurs zur Erziehungsförderung beschäftigen sich die Eltern mit Grundregeln positiver Erziehung und dem Umgang mit schwierigen Erziehungssituationen.

Im Kindertraining »Ich kann Probleme lösen« (IKPL) geht es um die Wahrnehmung von Emotionen, die Einschätzung von Gründen für Handlungen anderer und Folgen des eigenen Handelns sowie um die Lösung von Konflikten. Das Kindertraining umfasst 15 Kurseinheiten zu jeweils 45 bis 60 Minuten und wird von ausgebildeten Kursleiterinnen und Kursleitern vermittelt. Angeboten werden eine viertägige EFFEKT-Fortbildung für Eltern- und Kinderkurs und zweitägige Fortbildungen für das Eltern- oder das Kindertraining. Die Kursmaterialien können nur Personen bestellen, die an einer Fortbildung teilgenommen haben.

Darüber hinaus wurde für Kinder der zweiten und dritten Grundschulklasse ein altersentsprechendes Training entwickelt. Weitere Informationen unter: www.effekt-training.de.

Lesetipps

Jaursch, S.; Stemmler, M.; Lösel, F.; Beelmann, A. (2008): **Entwicklungsförderung in Familien: Eltern- und Kinder-Training (EFFEKT).** In: Bündnis für Familie (Hrsg.): Erziehung – (k)ein einfaches Geschäft (S. 117–124). Nürnberg: emwe.

Lösel, F.; Beelmann, A.; Stemmler, M.; Jaursch, S. (2006): **Prävention von Problemen des Sozialverhaltens im Vorschulalter. Evaluation des Eltern- und Kindertrainings EFFEKT®.** Zeitschrift für Klinische Psychologie und Psychotherapie, 35, 127–139.

Faustlos

Faustlos ist ein Gewaltpräventionsprogramm, das sich an das amerikanische Programm »second step« (Commitee for children) anlehnt. Es wurde von Manfred Cierpka und Mitarbeitern an hiesige Bedingungen angepasst und weiterentwickelt und wird inzwischen über das Heidelberger Kompetenzzentrum verbreitet.

In gleichförmig strukturieren Einheiten werden Kenntnisse und Fähigkeiten in den Bereichen Empathie, Impulskontrolle und Umgang mit Ärger und Wut vermittelt. Es gibt ein Curriculum für den Kindergarten mit 28 Lektionen und ein Curriculum für die

Grundschule mit 51 Lektionen, in denen die genannten Themen bearbeitet werden, sowie ein Curriculum für die Sekundarstufe mit 31 Lektionen.

Zu jedem Curriculum stehen Materialien sowie eine eintägige Fortbildung für die pädagogischen Fachkräfte zur Verfügung. Voraussetzung für den Erwerb der Materialien ist die Teilnahme an der Fortbildung. Weitere Informationen unter: www.faustlos.de.

Lesetipps

Cierpka, M.; Schick, A. (2014): **Faustlos – Kindergarten. Ein Curriculum zur Förderung sozial-emotionaler Kompetenzen und zur Gewaltprävention.** Göttingen: Hogrefe.

Cierpka, M. (2011): **Faustlos – Wie Kinder Konflikte gewaltfrei lösen lernen.** Freiburg: Herder.

Freunde

Das sucht- und gewaltpräventive Projekt »Freunde« ist ein pädagogisches Programm zur Lebenskompetenzförderung in Kindertageseinrichtungen. Es begann als Initiative verschiedener Rotary Clubs im Jahr 1998; der institutionelle Vertreter ist heute die »Stiftung FREUNDE«. Das Programm zielt darauf ab, das Selbstbewusstsein, die Selbstwahrnehmung, das Einfühlungsvermögen, die Kommunikationsfähigkeit und Problemlösefähigkeit, den Umgang mit Stress und Emotionen sowie kreatives und kritisches Denken bei Kindern zu unterstützen.

Es gibt ein Basisseminar und zwei Aufbauseminare für die pädagogischen Fachkräfte. Daran schließen sich regelmäßige Treffen des Fachpersonals an, in denen die Umsetzung durch Praxisaustausch, Reflexion und Vermittlung von Fachwissen zu den Themen Sucht und Gewalt begleitet wird. Weitere Säule des Programms ist ein Angebot für Eltern, meist in Form von Elternabenden, das die Mütter und Väter bei ihrer Erziehungsarbeit unterstützen soll. Weitere Informationen unter: www.stiftung-freunde.de.

Papilio

Papilio ist ebenfalls ein sucht- und gewaltpräventives Programm, das bei der Förderung von emotionaler Kompetenz im Kindergarten ansetzt. Es wurde von Rotary-Clubs initiiert und vom Beta-Institut in Zusammenarbeit mit Wissenschaftlern der Universität Bremen weiterentwickelt; Träger heute ist Papilio e.V.

Es gibt drei übergeordnete Programmpunkte: Das »Meins-deinsdeins-unser-Spiel« unterstützt Kinder beim Erlernen und Einhalten sozialer Regeln; mit »Paula und die Kistenkobolde« werden in Zusammenarbeit mit der Augsburger Puppenkiste vier Grundemotionen über vier Kobolde bearbeitet, und beim »Spielzeug-macht-Ferien-Tag« geht es darum, dass an einem Tag in der Woche das herkömmliche Spielzeug in den Schränken bleibt und dadurch die Kreativität und das soziale Miteinander anders gefördert werden.

Pädagogische Fachkräfte werden in einem Basisseminar (3 ganze und 4 halbe Tage) und einem Vertiefungsseminar (2 Tage) fortgebildet. Themen sind die verschiedenen kindorientierten Maßnahmen und entwicklungförderndes Erziehungsverhalten sowohl im eigenen beruflichen Alltag als auch in der Weitergabe an die Eltern. Materialien zum Programm können nur in Zusammenhang mit einer Fortbildung erworben werden. Weitere Informationen unter: www.papilio.de.

Lesetipp

Mayer, H.; Heim, P.; Scheithauer, H. (2007): **Papilio – Ein Programm für Kindergärten zur Primärprävention von Verhaltensproblemen und zur Förderung sozial-emotionaler Kompetenz.** Theoretische Grundlagen. Beta-Institut.

Mutig werden mit Til Tiger

Das Training wurde für unsichere, ängstliche und schüchterne Kinder von fünf bis zehn Jahren von Sabine Ahrens-Eipper und Bernd Leplow von der Universität Halle-Wittenberg entwickelt. Ziel dieses verhaltenstherapeutischen Trainings ist es, sozial unsicheren Kindern mehr Selbstbewusstsein zu vermitteln, soziale Ängste abzubauen und die soziale Kompetenz zu fördern.

In zwei Einzel- und neun Gruppenstunden sollen den Kindern schrittweise mehr Selbstbewusstsein, praktische Handlungsstrategien und Entspannungsmethoden für den Alltag vermittelt werden. Dabei kommt »Til Tiger«, eine Handpuppe, die von einem Therapeuten betätigt wird, zum Einsatz. Sie dient als Identifikationsfigur für die Kinder.

Zweitägige Fortbildungen zu dem Programm und seinen Hintergründen richten sich an Kinder- und Jugendtherapeutinnen, Kinder- und Jugendpsychiater, Psychologinnen, Pädagogen, Sozialpädagoginnen und Heilpädagogen sowie an Mitarbeiterinnen und Mitarbeiter von Erziehungsberatungsstellen. Weitere Informationen unter: www.til-tiger-training.de.

Lesetipps

Ahrens-Eipper, S.; Leplow, B.; Nelius, K. (2010): **Mutig werden mit Til Tiger – Ein Trainingsprogramm für sozial unsichere Kinder.** Göttingen: Hogrefe.

Ahrens-Eipper, S.; Nelius, K. (2009): **Mutig werden mit Til Tiger. Ein Ratgeber für Eltern, Erzieher und Lehrer von schüchternen Kindern.** Göttingen: Hogrefe.

Kompetenzen bei Kindern unterstützen – was bedeutet das in erster Linie?

Da sein
Zeit haben
Räume und Gelegenheiten schaffen, in denen Kinder
selbsttätig Erfahrungen machen können,
Zusammenhänge erkennen können,
sich, andere, die Umwelt erleben und gestalten können,
Wertschätzung, Akzeptanz und liebevolle Geborgenheit,
aber auch klare Regeln, Positionen und Emotionen
ihres Gegenübers erfahren können

Es heißt nicht
mit Wissen belehren

aber schon
neugierig machen

auch
Anforderungen stellen, Mithilfe erwarten

und
miteinander Spaß haben!

Die Förderung von sozial-emotionaler Kompetenz ist ein wichtiger Ansatzpunkt in der Gewaltprävention. Sie setzt zunächst beim einzelnen Menschen und seinen Fähigkeiten an und kann vieles bewirken. Allerdings kann die Entstehung von Aggression und Gewalt nicht ausschließlich im Individuum und seinen Fähigkeiten gesehen und durch Kompetenzförderung verhindert werden. Äußere Bedingungen und Teilhabechancen spielen ebenfalls eine wichtige Rolle.

Demokratie muss mit möglichst viel Chancengleichheit gestaltet werden, und – hier schließt sich der Kreis – auch dafür sind sozial-emotionale Kompetenzen eine wichtige Voraussetzung.

Engagement bei der individuellen Förderung ist ebenso nötig wie der Einsatz für wirtschaftliche und politische Voraussetzungen, die eine Zukunftsperspektive möglich machen.

Literatur

Albers, T.; Ritter, E. (2016): Kinder und Familien mit Fluchterfahrung kommen an. kindergarten heute, praxis kompakt. Freiburg: Herder.

Auernheimer, G. (2000): Grundmotive und Arbeitsfelder interkultureller Bildung und Erziehung. In: Bundeszentrale für politische Bildung (Hrsg.): Interkulturelles Lernen. Arbeitshilfen zur politischen Bildung. Bonn, S. 18–28.

BAMF (2016): Migrationsbericht 2015 – Zentrale Ergebnisse. www.bamf.de/SharedDocs/Anlagen/DE/Publikationen/Migrationsberichte/migrationsbericht-2015-zentrale-ergebnisse.pdf?__blob=publicationFile (Zugriff am 04.01.2017).

Bauer, J. (2013): Schmerzgrenze. Vom Ursprung alltäglicher und globaler Gewalt. München: Heyne.

Berendes, K.; Wagner, W.; Meurers, D.; Trautwein, U. (2015): Grammatikverständnis von Kindern unterschiedlicher sprachlicher und sozioökonomischer Herkunft. Frühe Bildung (4) 3, Göttingen: Hogrefe, S. 126–143.

BMFSFJ (2016): Rechtliche Rahmenbedingungen. www.fruehe-chancen.de/themen/integration/rechtliche-rahmenbedingungen/ (Zugriff am 11.12.2016).

Ekman, P. (1988): Gesichtsausdruck und Gefühl. Paderborn: Junfermann.

Ekman, P.; Davidson, R. (1994): The nature of emotion. New York u. a.: Oxford University Press.

Feldmann, J. ; Storck, C.; Pfeffer, S. (2018): ReSi: Evaluation eines Programms zur Kompetenzförderung und Prävention sexuellen Missbrauchs im Kindergarten. Praxis der Kinderpsychologie und Kinderpsychiatrie: Band 67, Ausgabe 8, 720–735. https://doi.org/10.13109/prkk.2018.67 .8. 720

Filtzinger, O. (2014a): Interkulturelle Öffnungsprozesse gestalten – im Elementarbereich. In: E. Vanderheiden; C.-H. Mayer (Hrsg.): Handbuch Interkulturelle Öffnung. Göttingen: Vanderhoeck & Rupprecht, S. 205–225.

Filtzinger, O. (2014b): Checkliste interkulturelle Kindertageseinrichtung. In: E. Vanderheiden; C.-H. Mayer (Hrsg.): Handbuch Interkulturelle Öffnung. Göttingen: Vanderhoeck & Rupprecht, S. 690–692.

Frank, A.; Martschinke, S. (2011): Bertram Blaubauch sucht sein Lachen. Handreichung. Ein Projekt zur Förderung emotionaler, personaler und sozialer Kompetenzen von Kindern. Freiburg: TUS.

Friedlmeier, W.; Trommsdorff, G. (1992): Entwicklung von Empathie. In: G. Finger u. a. (Hrsg.): Frühförderung. Zwischen passionierter Praxis und hilfloser Theorie. Freiburg: Lambertus, S. 138–150.

Fröhlich-Gildhoff, K.; Rönnau-Böse, M. (2015): Resilienz. München: Ernst Reinhardt.

Fröhlich-Gildhoff, K.; Dörner, T.; Rönnau-Böse, M. (2016): Prävention und Resilienzförderung in Kindertageseinrichtungen – PRiK. Ein Förderprogramm. München: Ernst Reinhardt.

Fuchs-Heinritz, W. u. a. (1995): Lexikon zur Soziologie. Opladen: Westdeutscher Verlag.

Glasl, F. (2007): Selbsthilfe in Konflikten. Konzepte, Übungen, praktische Methoden. Stuttgart: Freies Geistesleben.

Grosch, H.; Leenen, W. R. (2000): Bausteine zur Grundlegung interkulturellen Lernens. In: Bundeszentrale für politische Bildung (Hrsg.): Interkulturelles Lernen. Arbeitshilfen zur politischen Bildung. Bonn, S. 29–46.

Gross, J. J. (1998): The emerging field of emotion regulation: An integrative review. Review of General Psychology, 2, pp. 271–299.

Halberstadt, A.; Lozada, F. (2011): Emotion Development in Infancy through the Lens of Culture. Emotion Review, Vol. 3, No. 2, 158–168.

Hermann, S; Holodynski, M. (2014): Emotionale Kompetenz. In: A. Lohaus; M. Glüer (Hrsg.): Entwicklungsförderung im Kindesalter. Göttingen: Hogrefe, S. 135–160.

Herrlitz, H.-G.; Hopf, W.; Titze, H. (2005): Deutsche Schulgeschichte von 1800 bis zur Gegenwart. Weinheim: Juventa.

Hofbauer, Ch. (2016): Kinder mit Fluchterfahrung in der Kita. Leitfaden für die pädagogische Praxis. Freiburg: Herder.

Hofstede, G.; Hofstede, G. J. (2011): Globales Denken, lokales Handeln. München: dtv.

Hurrelmann, K.; Bründel, H. (2007): Gewalt an Schulen: Pädagogische Antworten auf eine soziale Krise. Weinheim: Beltz.

Kanning, U. P. (2002): Soziale Kompetenz – Definition, Strukturen und Prozesse. Zeitschrift für Psychologie, 210 (4), 154–163.

Kindler, H. (2015): Prävention von sexuellem Missbrauch – Möglichkeiten und Grenzen. In: J. M. Fegert (Hrsg.): Sexueller Missbrauch von Kindern und Jugendlichen. Berlin: Springer, S. 351–362.

Kißgen, R.; Heinen, N. (Hrsg.) (2010): Frühe Risiken und frühe Hilfen. Grundlagen, Diagnostik, Prävention. Stuttgart: Klett-Cotta.

Klinkhammer, J.; von Salisch, M. (2015): Emotionale Kompetenz bei Kindern und Jugendlichen. Entwicklung und Folgen. Stuttgart: Kohlhammer.

Knapp, A. (2013): Interkulturelle Kompetenz: eine sprachwissenschaftliche Perspektive. In: G. Auernheimer (Hrsg.): Interkulturelle Kompetenz und pädagogische Professionalität. Wiesbaden: VS, S. 85–101.

Koglin, U.; Petermann, F. (2013): Verhaltenstraining im Kindergarten. Ein Programm zur Förderung sozial-emotionaler Kompetenz. Göttingen: Hogrefe.

Krappmann, L. (2002): Kinder und ihre Freunde. In: LBS-Initiative Junge Familie (Hrsg.): Kindheit 2001 – Das LBS-Kinderbarometer. Was Kinder wünschen, hoffen und befürchten. Opladen: Leske + Budrich.

Lazarus, R. S. (1991): Emotion and adaption. Oxford: Oxford University Press.

Malti, T.; Perren, S. (Hrsg.) (2016): Soziale Kompetenz bei Kindern und Jugendlichen. Entwicklungsprozesse und Fördermöglichkeiten. Stuttgart: Kohlhammer.

Maywald, J.; Valentien, S. (2009): Kindergarten plus: Ein Programm der Deutschen Liga für das Kind. Handbuch für Erzieherinnen und Erzieher mit CD-ROM. Berlin: Deutsche Liga für das Kind.

Mecheril, P. (2013): »Kompetenzlosigkeitskompetenz«. Pädagogisches Handeln unter Einwanderungsbedingungen. In: G. Auernheimer (Hrsg.): Interkulturelle Kompetenz und pädagogische Professionalität. Wiesbaden: Springer VS, S. 15–35.

Meiner-Teubner, C. (2016): Flüchtlingskinder in der Warteschleife. DJI-Impulse, 3/16. München.

Meisel, J. (2013): Frühe Mehrsprachigkeit: Gefahren oder Vorteile? In: C. Kieferle; E Reichert-Garschammer; F. Becker-Stoll (Hrsg.): Sprachliche Bildung von Anfang an. Göttingen: Vanderhoeck & Rupprecht, S. 118–130.

Mößner, B.; Pfeffer, S.; Pfister, H. (2008): Wunderfitz – Das große Förderbuch. Emotionale und soziale Kompetenz, Kreativität. Freiburg: Herder.

Nolting, H.-P. (2005): Lernfall Aggression. Wie sie entsteht – wie sie zu verhindern ist. Reinbek: Rowohlt.

Petermann, U.; Petermann, F.; Koglin, U. (2016): Entwicklungsbeobachtung und dokumentation. Berlin: Cornelsen.

Petermann, F.; Wiedebusch, S. (2016): Emotionale Kompetenz bei Kindern. Göttingen: Hogrefe.

Pfeffer, S. (2004): Die Welt der Gefühle verstehen. Wunderfitz – Arbeitsheft zur Förderung der emotionalen Kompetenz. Freiburg: Herder.

Pfeffer, S. (2007): Emotionales Lernen. Ein Praxisbuch für den Kindergarten. Berlin: Cornelsen.

Pfeffer, S. (2014): Emotionale und soziale Kompetenz. In: Kinder erziehen, bilden und betreuen. Lehrbuch für Ausbildung und Studium. Berlin: Cornelsen.

Pfeffer, S.; Göppner-Pfeffer, M. (2005): Lust auf Lernen. Lernfreude und Motivation bei Kindern spielerisch fördern. Freiburg: Herder.

Pfeffer, S.; Göppner-Pfeffer, M. (2007): Ich achte gern mich und dich. Persönlichkeit entwickeln, Gemeinschaft leben. Freiburg: Herder.

Pfeffer, S.; Storck, C. (2018): Resilienzförderung und Prävention sexualisierter Gewalt in Kitas – Das »ReSi«-Förderprogramm. Göttingen: Hogrefe.

Reich, H. (2010): Frühe Mehrsprachigkeit aus linguistischer Perspektive. DJI-Expertise. http://www.dji.de/fileadmin/user_upload/bibs/672_Reich_Expertise_Mehrsprachigkeit.pdf (Zugriff am 05.01.2017).

Relikowski, I.; Schneider, T.; Linberg, T. (2015): Rezeptive Wortschatz- und Grammatikkompetenzen von Fünfjährigen mit und ohne Migrationshintergrund. Frühe Bildung (4) 3. Göttingen: Hogrefe, S. 135–143.

Riedel, B. (2017): Interview »Wir müssen das Vertrauen der Eltern gewinnen«, Süddeutsche Zeitung vom 02.01.2017.

Saarni, C. (2002): Die Entwicklung von emotionaler Kompetenz in Beziehungen. In: M. von Salisch (Hrsg.): Emotionale Kompetenz entwickeln. Grundlagen in Kindheit und Jugend. Stuttgart: Kohlhammer, S. 3–30.

Salisch, M. von; Kraft, U. (2010): Störungen der Emotionsregulation im Kindergartenalter und ihre Folgen. In: R. Kißgen; N. Heinen (Hrsg.): Frühe Risiken und Frühe Hilfen. Grundlagen, Diagnostik, Prävention. Stuttgart: Klett-Cotta, S. 84–104.

Storck, C.; Pfeffer, S. (2018): Primärprävention sexualisierter Gewalt bei Kindern im Vorschulalter. In: Retkowski, A., Treibei, A. & Tuider, E. (Hrsg.): Handbuch Sexualisierte Gewalt und pädagogische Kontexte. Theorie, Forschung, Praxis. Weinheim: Beltz Juventa, 543–551.

Tietze, W.; Becker-Stoll, F.; Bensel, J.; Eckhardt, A.; Haug-Schnabel, G.; Kalicki, B.; Keller, H.; Leyendecker, B. (Hrsg.) (2012): NUBBEK – Nationale Untersuchung zur Bildung, Betreuung und Erziehung in der frühen Kindheit. Fragestellungen und Ergebnisse im Überblick. http://www.nubbek.de/pages/download.php (Zugriff am 06.01.2017).

Ulich, M.; Oberhuemer, P.; Soltendieck, M. (2013): Die Welt trifft sich im Kindergarten. Interkulturelle Arbeit und Sprachförderung in Kindertageseinrichtungen. Freiburg: Herder.

Valtin, R.: Das Familienhandbuch des Staatsinstituts für Frühpädagogik (IFP). http://www.familienhandbuch.de/cmain/f_fachbeitrag/a_kindheitsforschung/s_361.html (Zugriff am 14.08.2010).

Wehner, K. (2006): Freundschaftsbeziehungen von Kindern und Jugendlichen und soziale Unterstützung. In: L.-M. Alisch; J. Wagner (Hrsg.): Freundschaften unter Kinder und Jugendlichen. Weinheim: Juventa.

Wehner, K. (2009): Freundschaften unter Kindern. In: K. Lenz; F. Nestmann (Hrsg.): Handbuch Persönliche Beziehungen. Weinheim: Juventa.

Weltzien, D.; Albers, T. (Hrsg.) (2014): Vielfalt und Inklusion. Freiburg: Herder.

Wilms, E. (2002): Soziales Lernen. Arbeitsheft 4. Konflikte erkennen – anpacken – lösen. Berlin: Cornelsen.

Winter-Heider, Ch. (2010): Interview »Und dann regiert die Faust«, Süddeutsche Zeitung vom 03.05.2010.

Wustmann, C. (2009): Resilienz. Widerstandsfähigkeit von Kindern in Tageseinrichtungen fördern. Berlin: Cornelsen.

Bilderbücher und Übungsmaterialien

Baum, H. (2002): Da bin ich fast geplatzt! Vom Umgang mit Wut und Aggression. München: Kösel.

Brownjohn, E. (2007): Zittern, Bibbern, Schüchtern sein – Angst kennt jeder, Groß und Klein. Stuttgart: Gabriel.

d'Alliance, M. (2016): Robbi regt sich auf. Frankfurt/M.: Moritz.

Frank, A. (2009): Bertram Blaubauch sucht sein Lachen. Freiburg: TUS.

Frank, A. (2010): Rangeln, Regeln, Rücksicht nehmen. Spiele und Körperübungen für ein faires Miteinander von Kindern in Kita und Grundschule. Münster: Ökotopia.

Geißler, D. (2015): Wohin mit meiner Wut? Bindlach: Loewe.

Heine, H. (2016): Freunde. Weinheim: Beltz.

Hobbie, H. (1998): Hops und Huper. Middelhauve: München.

Nöstlinger, Ch. (2010): Anna und die Wut. Mannheim: Sauerländer.

Pauli, L.; Schärer, K. (2016): Mutig, mutig! Weinheim: Beltz.

Plauen, E. O. (1993): Vater und Sohn: Bildgeschichten. Ditzingen: Reclam.

Portmann, R. (2004): Spiele zum Umgang mit Aggression. München: Don Bosco.

Pustlauk, T. (2000): Sentimage – Bilderbox. Braunschweig: Schubi Lernmedien.

Schärer, K. (2010): So war das! Nein, so! Nein, so! Weinheim: Beltz.

Weller, B. (2005): Nur Mut! – Bilderbox. Braunschweig: Schubi Lernmedien.

Weller, B. (2008): Blickwinkel – Bilderbox. Braunschweig: Schubi Lernmedien.

Whitehouse, E.; Pudney, W. (2002): Wut: Ein Vulkan in meinem Bauch. Berlin: Cornelsen.

Wieber, M. (2011): Warum bist du so wütend, Löwe? Domingo befragt die Tiere. Salzhausen: Iskopress.